온 성도의 믿음을 더 자라게 하는 THE신앙훈련교재

THE 기초양육
THE BASIC SPIRITUAL NURTURING

안창천 지음 | Written by Changcheon An, Th.D.
박양우 감수 | Editorial Supervision by Y.W. Park, Ph.D.

영어감수 박양우
중앙대학교 법대 행정학과 3학년 재학 중 제23회 행정고등고시에 합격하여 공직에 입문하였고, 국내 최연소로 제8대 문화관광부 차관과 중앙대 부총장을 지냈다. 제물포고, 중앙대 법대(학사), 서울대학교 행정대학원(행정학석사), 런던시티대학교(예술행정학석사), 한양대학교(관광학박사)를 졸업하였으며 대통령 표창을 비롯하여 황조근정훈장과 녹조근정훈장을 받았다. 현재 한국예술경영학회 회장과 중앙대학교 예술경영학과 교수로 재직 중이며, 평신도로서 온누리교회 양육을 총괄하고 있다. 아내 송민령씨와 세 딸 은혜, 신혜, 서혜와 함께 서울 잠원동에서 살고 있다.

옮긴이 임은묵
영어권에서 20년간 학업과 치유사역과 목회를 하였으며 MTC(B.S.), 국제신학대학원(M.Div.), IGSL(M.A.)을 거쳐 PCU에서 종교학 박사(Ph.D.)를 취득했다. 대표적인 저서로는 '전능하신 의사 예수'(예찬사), '치유의 기름 부음을 주옵소서'(예찬사)가 있으며, 역서로는 '위로하시는 성령님'(은혜출판사), '리더십의 성벽을 쌓아라'(예영커뮤니케이션), '부요와 재물'(예찬사) 외에 20여 권이 있다. 현재 메시야전도협회의 회장으로 신유전도자학교를 통해 마지막 때를 위한 영적리더들과 전도자들을 세우고 있으며, D3왕의사역의 국제적 사역을 위해 동역하고 있다.

온 성도의 믿음을 더 자라게 하는 THE신앙훈련교재

THE 기초양육

2011년 10월 10일 초판 1쇄 발행

지은이 | 안창천
영어감수 | Y.W. Park
옮긴이 | E.M. Lim
펴낸이 | D3평신도사역연구소
펴낸곳 | 도서출판 우리하나
기획 | 이경옥
디자인 | 크리티아 앤 코(02 2292 1815)
교정 | 정혜지
제작 | 장세민
등록일 | 2007. 4. 16
등록번호 | 제 313-2007-96호
주소 | 서울 마포구 상수동 9-10번지 제303B호
주문전화 | 02) 333-0091
팩스 | 02) 333-4490
웹싸이트 | www.urihana.net & www.d3.or.kr
E-mail | pacc9191@hanmail.net

값 5,000원

ISBN 978-89-93476-21-7-03230

이 출판물은 저작권법에 따라 무단 복제할 수 없습니다.

Unless otherwise noted, all Scripture quotations for English translation are from the New International Version of the Bible. Scripture quotation marked NASB is from the New American Standard Bible.

인사의 글

예수께서 마지막으로 "너희는 가서 모든 민족으로 제자를 삼으라"고 명령하셨기 때문에 모든 그리스도인은 비신자를 찾아가서 복음을 전하고 그들을 말씀으로 양육하는 예수 그리스도의 제자가 되어야 합니다. 그러나 모든 그리스도인이 제자의 삶을 살기 위해서는 누구나 쉽게 배우고 가르칠 수 있는 제자훈련교재가 필요합니다.

'THE양육교재'는 바로 이러한 점을 고려하여 이미 국내외 1,700여 교회에서 약 3만여 명이 훈련을 받고 있는 'D3왕의사역'(세계에서 가장 쉽고 빠르게 평신도를 사역자로 세우는 제자훈련시스템)의 주훈련교재를 개정하여 한영판으로 출간한 것입니다. THE양육교재는 3단계, 즉 'THE기초양육'(양육기초과정), 'THE8확신세우기'(확신과정), 'THE제자만들기'(제자훈련과정)로 편성되었는데, 전 과정 모두 Q&A로 되어 있어 재미있게 배울 수 있을 뿐만 아니라, 교재 안에 성경본문과 질문에 대한 답을 함께 표기해 놓았기 때문에 누구나 쉽게 제자훈련을 받을 수 있습니다.

본 교재의 영문은 본토인을 방불하는 언어구사력으로 번역되었으므로 말씀과 영어를 동시에 배우는 1석2조의 효과를 거둘 수 있습니다. 본서는 쉽고 단순한 제자훈련교재를 찾는 분들에게는 목마른 날의 얼음냉수가 될 것입니다. 특별히 영어로 신앙훈련을 받고 싶어하는 중고등학생과 대학생, 선교사 지망생, 장단기 평신도선교사, 영어권에 거주하는 교포, 교회나 직장의 소그룹 모임에서 영어로 공부하고 싶은 분, 국내에 거주하는 외국인 크리스천에게 아주 좋은 영적인 친구가 될 것을 확신합니다.

본 교재의 'THE'는 영어의 정관사 용법에 따라 '유일하다'는 의미로 사용하였고, 발음상 '더'는 지금보다 '더하게 한다'는 의미로 사용하였습니다. '국내 유일의 한영대조 제자훈련교재'를 통하여 여러분의 신앙이 '더욱 더' 자라나서 예수 그리스도의 제자로 살아가는 은혜가 있기를 축복합니다.

모든 그리스도인이 제자 삼는 그날을 꿈꾸며

안창천

THE 기초양육

기초양육과정의 만남을 환영합니다

저희 교회에 등록하셔서 한 가족이 되신 것을 진심으로 환영하며 주님의 이름으로 축복합니다. 갓난아이가 어미의 젖을 먹어야 건강하게 성장할 수 있듯이, 예수님을 마음에 영접하여 새 생명을 얻은 성도는 신령한 젖인 하나님의 말씀을 먹어야 건강하게 성장할 수 있습니다. 따라서 주일예배에 참석하는 것으로 만족하지 말고, 교회가 제공하는 양육훈련 프로그램에 적극 참여하여 하나님의 말씀을 부지런히 배워야 합니다.

저희 교회에서는 처음으로 예수님을 믿는 분들의 신앙 성장을 위하여 'THE기초양육'이라는 양육기초과정을 준비했습니다.

이 과정을 통하여 살아계신 하나님을 만나고 믿음의 기초를 든든히 세우게 되시기를 기도드리며 성도님을 주 안에서 진심으로 사랑합니다.

년   월   일

오직 우리 주 곧 구주 예수 그리스도의 은혜와 저를 아는 지식에서 자라가라 [벧후 3:18]

THE 기초양육
THE BASIC SPIRITUAL NURTURING

차례 | Contents

인사의 글 • 3
Introduction • 3

환영의 글 • 4
Welcome • 4

첫 번째 만남 | 지금, 구원 받아야 합니다 • 7
First Meeting | You must be saved now • 7

두 번째 만남 | 구원은 전혀 다른 삶을 살게 합니다 • 21
Second Meeting | Salvation makes your life entirely different • 21

세 번째 만남 | 성경은 영혼의 양식입니다 • 37
Third Meeting | The Bible is the bread of your soul • 37

네 번째 만남 | 하나님과 대화할 수 있습니다 • 51
Fourth Meeting | You can converse with God • 51

다섯 번째 만남 | 교회생활은 이렇게 합니다 • 63
Fifth Meeting | How to have a Church life • 63

첫 번째 만남 | First Meeting
지금, 구원 받아야 합니다
You must be saved now

'구원'이라는 단어가 성경에 530번이나 등장하듯이, 인간은 여러 가지 문제로부터 구원 받아야 할 존재입니다. 특별히 모든 인간은 죄로부터 구원을 받아야 합니다(마태복음 1장 21절). 그러나 우리가 죄로부터 구원을 받기 위해서는 무엇보다도 먼저 자신이 죄인임을 깨달아야 합니다. 왜냐하면 자신이 죄인인 것을 알지 못하면 죄로부터 구원 받아야 할 필요성을 전혀 느끼지 못하기 때문입니다. 자신이 죄인인 것을 깨달아야 예수께서 십자가에 못 박혀 돌아가시고 부활하신 것이 바로 자신의 죄 문제를 해결하기 위한 것인 줄 알고 예수 그리스도를 영접하여 구원을 받게 되는 것입니다.

The word 'salvation' is written 530 times in the Bible. This number tells that human beings must be saved from a lot of problems. More than anything, every human being must be saved from sins(Matthew 1:21). However, in order to be saved from sins, we need to realize that we are sinners, for if we do not realize ourselves as sinners we do not feel the necessity of salvation from sins either. By realizing yourself as a sinner, you can recognize that the death on the cross and the resurrection of Jesus Christ are for the salvation of yourself from sins. Then you may be saved by accepting Him as your personal Savior and Lord.

첫 번째 만남 | First Meeting
지금, 구원 받아야 합니다
You must be saved now

> **Q1-1.** 성경은 모든 사람이 죄인이라고 말씀하고 있습니다. 왜 그럴까요?
>
> **Q1-1.** The Bible says that everyone is a sinner. Why does it say so?

그러므로 한 사람으로 말미암아 죄가 세상에 들어오고 죄로 말미암아 사망이 왔나니 이와 같이 모든 사람이 죄를 지었으므로 사망이 모든 사람에게 이르렀느니라(로마서 5:12, 참조 로마서 3:10; 시편 14:1-3).

Therefore, just as sin entered the world through one man, and death through sin, and in this way death came to all men, because all sinned(Romans 5:12, also see Romans 3:10 and Psalm 14:1-3).

THE View

본문에서 '한 사람'이란 첫 사람 아담을 가리킵니다. 하나님께서 모든 인류를 첫 사람 아담의 혈통을 따라 번성하게 하셨는데(사도행전 17:26) 아담이 하나님께서 금하신 선악과를 먹어 죄인이 되었기 때문에 그의 후손인 모든 사람이 죄인이 되는 것입니다(대표성의 원리).

'One man' in the above verse is indicated to the first man Adam. From Adam God made every nation of men(Acts 17:26). But by his eating of the fruit from the tree of knowledge of good and evil which was forbidden by God, he became a sinner and so all descendants of Adam became sinners too(It is called the principle of representation).

> **Q1-2.** 성경은 모든 사람이 아담의 후손이므로 죄인이라고 주장하고 있지만 혹 자신은 죄인이 아니라고 생각할 수 있습니다. 그런 사람에 대하여 성경은 어떻게 말씀하고 있을까요?
>
> **Q1-2.** The Bible says all descendents of Adam are sinners but yet you might think you are without sin. What does the Bible say about such people?

만일 우리가 죄가 없다고 말하면 스스로 속이고 또 진리가 우리 속에 있지 아니할 것이요(요한일서 1:8).

If we claim to be without sin, we deceive ourselves and the truth is not in us(1 John 1:8).

THE View

성경은 자신이 죄인이 아니라고 말하는 것은 곧 자신을 속이고 그 안에 진리가 없음을 드러내는 것이라고 말씀하고 있습니다. 따라서 우리는 잘못된 생각을 버리고 죄인임을 인정해야 합니다. 만일 그렇게 하지 않으려면 자신이 죄인이 아님을 증명해야 합니다.

The Bible says, "If we claim to be without sin, we deceive ourselves and the truth is not in us." For this reason, we have to discard our misunderstandings and confess that we are sinners. Otherwise, we must prove that we are not sinners.

> **Q1-3.** 평소 자신은 죄인이 아니라고 생각하고 있었는데 갑자기 죄인이라고 인정하는 것은 쉽지 않습니다. 그러나 당신에게도 다음과 같은 증상이 있다면 죄인이라고 고백해야 합니다.
>
> **Q1-3.** If you do not recognize yourself as a sinner, it is impossible for you to confess that you are a sinner. But if you have the symptoms within you as the following, you must confess that you are a sinner.

첫째로, 두려움 속에 살고 있습니다.
Firstly, you are living in fear.

> 이르되 내가 동산에서 하나님의 소리를 듣고 내가 벗었으므로 두려워하여 숨었나이다(창세기 3:10).
>
> He answered, "I heard you in the garden, and I was afraid because I was naked; so I hid"(Genesis 3:10).

THE View

아담이 하나님의 음성을 듣고 두려움을 느끼게 된 것은 금지된 선악과를 먹어 죄를 범했기 때문입니다. 모든 사람이 두려움 가운데 살아가는 것은 모든 사람이 아담의 후손으로 죄인이기 때문입니다.

The reason Adam was afraid of hearing God's voice was because he ate the fruit, which was forbidden by God, from the tree of knowledge of good and evil. As it is, all people are in fear because they are the descendants of Adam and they are sinners like him.

둘째로, 죄 가운데 살고 있습니다.
Secondly, you are living in sin.

> 기록된 바 의인은 없나니 하나도 없으며(로마서 3:10, 참조 전도서 7:20).
>
> As it is written: "There is no one righteous, not even one"(Romans 3:10, also see Ecclesiastes 7:20).

THE View

죄는 크게 두 가지로 나눌 수 있습니다. 아담으로부터 전해 내려온 죄의 본성인 원죄와 각 사람이 생각과 말과 행동으로 짓는 죄인 자범죄입니다. 성경은 미워하는 것조차도 죄라고 말씀하고 있기 때문에(요한일서 3:15) 죄를 짓지 아니하는 사람은 하나도 없습니다.

Sin is generally divided into two types. One is original sin which was caused by Adam and the other is actual sins which is committed by each person by thoughts, words and actions. Because the Bible says that even hating one's brother is a sin(1 John 3:15), no one is without sins.

셋째로, 고통 가운데 살아가고 있습니다.
Thirdly, you are living in agony.

살아있는 사람은 자기 죄들 때문에 벌을 받으니 어찌 원망하랴(예레미야애가 3:39, 참조 욥기 5:7).

Why should any living man complain when punished for his sins?(Lamentations 3:39, also see Job 5:7)

THE View

이 세상에는 고통 없이 살아가는 사람은 하나도 없습니다. 모든 사람이 고통 가운데 살아가는 것은 그들 모두가 죄인이기 때문입니다.

There is no one in the world that is without agony. The reason all people are in agony is because they all are sinners.

넷째로, 반드시 한 번은 죽습니다.
Fourthly, you will surely die someday.

죄의 삯은 사망이요(로마서 6:23, 참조 창세기 2:17; 히브리서 9:27).

For the wages of sin is death(Romans 6:23, also see Genesis 2:17, Hebrews 9:27).

THE View

한 사람도 예외 없이 모든 사람은 죽습니다. 그것은 모든 사람이 죄인이기 때문입니다. 수를 다 누리고 죽고, 질병으로 죽고, 교통사고나 각종 재해로 죽어도, 그것은 단지 죽음에 이르는 과정에 불과할 뿐 죽음의 근본적인 원인은 죄입니다.

No one is exempted from death because everyone is a sinner. Even if he dies old, or dies of diseases, or dies of traffic accident, or dies of various sorts of disaster, the radical cause of death is sin.

🌿 위 네 가지 사실이 당신과 무관하지 않다면 죄인이라고 시인해야 합니다. 왜냐하면 네 가지 사실은 죄인에게 공통적으로 나타나는 증상이기 때문입니다. 예수께서 "건강한 자에게는 의원이 쓸데없고 병든 자에게라야 쓸데 있느니라 내가 의인을 부르러 온 것이 아니요 죄인을 부르러 왔노라."(마가복음 2:17)라고 말씀하셨듯이, 자신이 죄인임을 알지 못하는 사람은 전혀 구원을 받으려고 노력하지 않습니다. 그렇기 때문에 구원의 첫 관문은 자신이 얼마나 큰 죄인인지를 깨닫는 것입니다.

If the above four facts are not unrelated to you, you should confess that you are a sinner. For these are the common symptoms of sinners. Jesus said, "It is not the healthy who need a doctor, but the sick. I have not come to call the righteous, but sinners" (Mark 2:17). So if anyone does not know that he is a sinner, he will not try to receive salvation. Therefore, realizing himself as a sinner is the first step to salvation of his soul.

Q1-4. 사람은 모두 죄인이기 때문에 세상에서 각종 두려움과 죄와 고통 가운데 살다가 결국은 죽음에 이르게 됩니다. 그러나 죽음으로 인생이 끝나는 것이 아닙니다. 죽은 후에는 심판을 받아 지옥에 던져져 고통을 당해야 합니다. 당신은 지옥을 어떤 곳이라고 생각하고 있습니까?

Q1-4. Everyone would live in fear and sin and agony, and eventually he would die because he is a sinner. But death is not the end of human life. After he dies, he will be condemned and will be thrown into hell for eternal torment. What do you think of hell?

만일 네 눈이 너를 범죄하게 하거든 빼버리라 한 눈으로 하나님의 나라에 들어가는 것이 두 눈을 가지고 지옥에 던져지는 것보다 나으니라 거기에서는 구더기도 죽지 않고 불도 꺼지지 아니 하느니라 사람마다 불로써 소금 치듯 함을 받으리라(마가복음 9:47-49).

And if your eye causes you to sin, pluck it out. It is better for you to enter the kingdom of God with one eye than to have two eyes and be thrown into hell, where "'their worm does not die, and the fire is not quenched.' Everyone will be salted with fire" (Mark 9:47-49).

THE View

일반적으로 사람들은 죽으면 모든 것이 끝이라고 생각하며 지옥의 실재성을 부인합니다. 그러나 지옥은 반드시 존재하며, 한 번 들어가면 다시 나올 수 없고, 고통이 영원한 곳이라고 성경은 말씀하고 있습니다. 따라서 어느 누구도 지옥에 들어가서는 안 됩니다.

Usually people think that physical death is the end of all. So they deny the existence of hell. But the Bible says that hell is real and if someone once goes to hell he cannot come out from it and he will be tormented forever. So no one should go to hell.

🌿 모든 사람은 아담의 후손으로 죄인이기 때문에 세상에서 두려움과 죄와 각종 고통 가운데 살다가 죽어야 하고, 죽은 후에는 심판 받아 지옥에 던져져 영원히 고통을 받아야 합니다. 어느 누구도 이런 운명에서 벗어날 수 없습니다. 그런데 하나님께서 이런 운명에서 우리를 해방시키시기 위하여 한 길을 예비해 놓으셨는데, 그 길이 바로 예수 그리스도이십니다(요한복음 14:6).

All people are sinful descendants of Adam so that they will die in fear and sin and all kinds of agony, and if they die they will be condemned and thrown into hell and will be tormented. No one can free himself from this fate. Nevertheless, God provided one way to free us from this fate. The only way is Jesus Christ(John 14:6).

> **Q2-1.** 사람마다 예수님에 대한 이해가 다릅니다. 세상에서 예수님만큼 그릇된 평가를 받고 있는 사람은 아무도 없습니다. 심지어 예수님의 제자들과 당시 예수님을 좇던 수많은 사람들도 예수님이 정확히 어떤 분이신지를 몰랐습니다(마태복음 16:14-19). 당신은 예수님을 어떤 분으로 이해하고 있습니까?
>
> **Q2-1.** Each person's understanding of Jesus differs with another's. No one in the world was more misunderstood than Jesus. Even the disciples of Jesus and the people who followed Him did not know who really Jesus was(Matthew 16:14-19). But who do you think Jesus is?

시몬 베드로가 대답하여 이르되 주는 그리스도시요 살아 계신 하나님의 아들이시니이다(마태복음 16:16).

Simon Peter answered, "You are the Christ, the Son of the living God"(Matthew 16:16).

THE View

일반적으로 사람들은 예수님을 4대 성인중의 한 분, 위대한 선생, 종교지도자 등으로 알고 있지만, 이는 예수님을 부분적으로만 알고 있는 것이지 정확히 알고 있는 것이 아닙니다. 예수님은 하나님이시지만(요한복음 20:28), 인간의 죄를 대속하시기 위해 친히 인간의 몸으로 이 세상에 오셔서 우리의 죄를 대신하여 십자가에 돌아가시고 부활하신 구원자(마태복음 1:21)이십니다.

Commonly people know Jesus as one of the four sages or a great teacher or a religious leader but their understandings are not exact, but partial. Jesus is God(John 20:28), but He came to the world with flesh to redeem us from sins. He was crucified, died and raised for our salvation. He is our Savior(Matthew 1:21).

> **Q2-2.** 예수께서는 여자의 몸에서 나신 사람이시지만 하나님이십니다. 무슨 증거로 예수께서 하나님이심을 알 수 있을까요?
>
> **Q2-2.** Jesus is a man, for He was born of a woman, and He is God. In what evidence can we recognize Jesus as God?

THE View

우리는 다양한 증거를 통하여 예수께서 하나님이심을 알 수 있습니다. 첫째로, 예수께서 자신에게 죄를 사하는 권세가 있다고 말씀하셨습니다(마가복음 2:10). 둘째로, 하나님과 자신은 하나라고 말씀하셨습니다(요한복음 10:30). 셋째로, 죽은 자를 살리시고, 폭풍을 잠잠케 하시고, 보리 떡 다섯 개와 물고기 두 마리로 5천 명이나 되는 사람들을 먹이시는 등 하나님만이 하실 수 있는 기적을 행하셨습니다. 넷째로, 제자들과 주변의 사람들 또한 예수님을 하나님이시라고 고백했습니다(요한복음 20:28; 마태복음 27:54; 요한일서 5:20).

We can know that Jesus is God by many evidences. Firstly, Jesus said that He Himself "has authority on earth to forgive sins" (Mark 2:10). Secondly, He said, "I and the Father are one" (John 10:30). Thirdly, Jesus performed miracles which God alone is able to do. For instances, Jesus raised dead people, calmed storm and fed 5,000 men with 2 fish and 5 loaves of bread and so on. Fourthly, Jesus' disciples and other followers confessed that Jesus is God(John 20:28; Matthew 27:54; 1 John 5:20).

> **Q2-3.** 예수께서 세상에 육신으로 오셨지만 이 세상 사람들과는 전혀 다르게 오셨습니다. 즉 남녀의 성적인 관계로 잉태되시지 않고 성령의 능력으로 잉태되셨습니다. 왜 그렇게 되셨을까요?

> **Q2-3.** Jesus came to the world in the flesh but His birth was not the same as other people. He was not conceived through sexual intercourse, but through the Holy Spirit. Why was He conceived through the Holy Spirit?

예수 그리스도의 나심은 이러하니라 그의 어머니 마리아가 요셉과 약혼하고 동거하기 전에 성령으로 잉태된 것이 나타났더니(마태복음 1:18).

This is how the birth of Jesus Christ came about: His mother Mary was pledged to be married to Joseph, but before they came together, she was found to be with child through the Holy Spirit(Matthew 1:18).

THE View

예수께서 세상 사람처럼 탄생하시면 아담의 후손으로 죄인이 되시므로 다른 사람을 대신하여 죽으실 수 없기 때문입니다. 예수께서 성령의 능력으로 탄생하셨기에 의인이시므로 우리를 대신하여 죽으실 수 있었던 것입니다.

Because if Jesus were born as one of the descendants of Adam like you and me, He would become a sinner and not be able to die for others. Jesus was born through the power of the Holy Spirit, so that He could die for us.

> **Q2-4.** 왜 예수께서 죄가 없으심에도 불구하고 우리를 대신하여 고난을 당하시고 십자가에 못 박혀 돌아가셨을까요?
> **Q2-4.** Why did Jesus suffer and die on the cross for us, while He was without sin?

우리가 아직 죄인 되었을 때에 그리스도께서 우리를 위하여 죽으심으로 하나님께서 우리에 대한 자기의 사랑을 확증하셨느니라(로마서 5:8).

But God demonstrates his own love for us in this: While we were still sinners, Christ died for us(Romans 5:8).

THE View

예수께서 십자가에 못 박혀 돌아가신 것은 그분께서 우리를 얼마나 사랑하시는지를 보여주신 것입니다. 목숨을 내주는 것보다 더 큰 사랑은 없습니다(요한복음 15:13).

The death of Jesus on the cross demonstrated how much He loved me. Greater love has no one than this, that he lay down his life for his friends(John 15:13).

Q2-5. 성경은 예수께서 우리의 죄를 대속하기 위하여 십자가에 못 박혀 돌아가셨다고 말씀하고 있습니다(로마서 4:25). 그런데 예수께서 그렇게 돌아가신 것이 자신의 죄 때문인지 우리의 죄 때문인지 어떻게 알 수 있을까요?

Q2-5. The Bible said that He was delivered over to death on the cross for our sins(Romans 4:25). However, how can we know that Jesus was delivered to death on the cross for our sins or for His sin?

그리스도께서 다시 살아나신 일이 없으면 너희의 믿음도 헛되고 너희가 여전히 죄 가운데 있을 것이요(고린도전서 15:17).

And if Christ has not been raised, your faith is futile; you are still in your sins(1 Corinthians 15:17).

THE View

예수께서 십자가에 못 박혀 돌아가셨지만 삼일 만에 다시 살아나셨기 때문입니다. 예수께서 제자들에게 자신이 모든 사람의 죄를 대속하기 위하여 십자가에 못 박히지만 죽은 지 삼일 만에 다시 살아날 것이라고 하셨는데, 예수께서 다시 살아나신 것은 그의 죽음이 자신의 죄 때문이 아니라 우리의 죄 때문임을 증명하신 것입니다.

Jesus was raised on the third day after He died on the cross. For He said to His disciples that He would die for the sins of the world and would rise again on the third day, His resurrection demonstrated that His death is not for His sin, but for our sins.

🌿 예수께서는 우리의 죄를 대신하여 십자가에 돌아가시고 부활하심으로 우리의 죄 문제를 완벽하게 해결해주셨습니다. 그러나 우리가 자동적으로 죄 문제를 해결 받는 것은 아닙니다. 우리가 어떻게 해야 죄 문제를 해결 받을 수 있을까요?

Jesus perfectly solved our problems of sin by dying on the cross and rising again from the dead for us. However, our sins are not automatically forgiven. How can our sins be forgiven?

> **Q3-1.** 진심으로 회개해야 합니다.
> **Q3-1.** You must repent wholeheartedly.

베드로가 이르되 너희가 회개하여 각각 예수 그리스도의 이름으로 세례를 받고 죄 사함을 받으라 그리하면 성령의 선물을 받으리니(사도행전 2:38).

Peter replied, "Repent and be baptized, every one of you, in the name of Jesus Christ for the forgiveness of your sins. And you will receive the gift of the Holy Spirit(Acts 2:38).

THE View

예수님을 믿기 위해서는 먼저 자신의 죄를 회개해야 합니다. 회개란 가던 길을 돌이키는 것입니다. 그동안 잘못 살아온 것을 깨닫고, 마음으로 아파하며, 의지적으로 주님께로 나아가야 합니다. 진심으로 그동안 잘못 살아온 것을 회개하십니까?

In order for you to believe Jesus as your personal Savior and Lord, you should repent your sins. Repentance is to turn from the way you are forth. You must realize how your life was sinful and mourn wholeheartedly and turn to the Lord volitionally. Are you willing to repent the sins you have committed?

> **Q3-2.** 예수님을 믿어야 합니다.
> **Q3-2.** You must believe in Jesus.

네가 만일 네 입으로 예수를 주로 시인하며 또 하나님께서 그를 죽은 자 가운데서 살리신 것을 네 마음에 믿으면 구원을 받으리라(로마서 10:9).
That if you confess with your mouth, "Jesus is Lord," and believe in your heart that God raised him from the dead, you will be saved(Romans 10:9).

THE View

예수님을 믿는다는 것은 예수께서 우리의 죄를 위하여 십자가에 못 박혀 돌아가시고 부활하신 사실, 즉 복음을 믿는 것입니다. 그 누구도 복음을 믿지 않으면 구원 받을 수 없습니다. 예수께서 당신의 죄 때문에 십자가에 못 박혀 돌아가시고 다시 살아나신 사실을 진심으로 믿으시겠습니까?

To believe in Jesus stands for believing the fact that He died for our sins and he rose again from the dead. In other words, it is to believe the good news. No one can be saved unless he believes the good news. Will you believe that Jesus died on the cross for your sins and rose again from the dead?

> **Q3-3.** 예수님을 자신의 주로 시인해야 합니다.
> **Q3-3.** You must confess Jesus as your personal Lord.

네가 만일 네 입으로 예수를 주로 시인하며 또 하나님께서 그를 죽은 자 가운데서 살리신 것을 네 마음에 믿으면 구원을 받으리라 사람이 마음으로 믿어 의에 이르고 입으로 시인하여 구원에 이르느니라(로마서 10:9,10).

That if you confess with your mouth, "Jesus is Lord," and believe in your heart that God raised him from the dead, you will be saved. For it is with your heart that you believe and are justified, and it is with your mouth that you confess and are saved(Romans 10:9,10).

THE View

복음을 믿은 사람은 예수님을 주로 시인해야 합니다. 예수님을 자신의 주라고 시인한다는 것은 예수께서 자신의 주권자가 되신다는 사실을 모든 사람 앞에서 고백한다는 뜻입니다. 즉 지금까지는 자기 마음대로 살아왔지만 이제는 예수님의 뜻대로 살겠다고 공개적으로 선포하는 것입니다. 다음과 같이 고백하시겠습니까? "예수님! 당신은 저의 주인이십니다."

The one who believed the good news should confess Jesus as his personal Lord. To confess Jesus as his personal Lord means that he confesses Jesus as his sovereign Lord before all people. In other words, he confesses openly that he spent his life for his desire until now but he would live according to Jesus' will. Are you willing to confess like this? "Jesus, you are my Lord!"

진심으로 회개하고, 예수께서 자신을 위하여 십자가에 돌아가시고 부활하신 사실을 믿고, 입으로 예수님을 주로 시인했다면 당신은 이미 구원받았고, 하나님의 자녀가 된 것입니다. 진심으로 축하드립니다.

If you repented sincerely, and believed that Jesus died on the cross for you and rose again, and confessed Jesus as your personal Lord with your mouth, you are saved and became a child of God. Congratulations!

두 번째 만남 | Second Meeting

구원은 전혀 다른 삶을 살게 합니다
Salvation makes your life entirely different

우리는 첫 번째 만남에서 예수님을 믿으면 죄 사함 받아 하나님의 자녀가 되며 죽은 후에는 심판을 받지 않고 지옥에도 들어가지 않는다는 사실을 알게 되었습니다. 그러나 구원을 받으면 이런 복만 받는 것이 아닙니다. 그동안 경험하지 못한 새로운 인생을 살아가게 됩니다. 구원 받은 자는 하나님의 자녀이기 때문에 이 세상에서 천국을 미리 경험할 수 있습니다.

In the first meeting, we learned that if we believe in Jesus we will be forgiven and become the children of God; and even if we die we will not be condemned nor go to hell. However, if we were saved, not only such blessings are given to us but also we will live new life which we could not experience before believing in Him. The saved ones are the children of God, so that they can foretaste the kingdom of heaven on earth.

두 번째 만남 | Second Meeting
구원은 전혀 다른 삶을 살게 합니다
Salvation makes your life entirely different

I. 해 아래 새 것이 없지만 구원받은 성도는 전혀 새로운 인생을 살아갈 수 있습니다.
I. There is nothing new under the sun but the believer of Jesus can live totally new life.

> **Q1-1.** 새로운 인생을 살기 위해서는 먼저 새 사람이 되어야 합니다. 그러나 이미 당신은 새 사람이 되었습니다. 어떻게 새 사람이 되었습니까?
>
> **Q1-1.** In order for a person to live a new life, he should be a new person. But you became a new person already. How did you become a new person?

그런즉 누구든지 그리스도 안에 있으면 새로운 피조물이라 이전 것은 지나갔으니 보라 새것이 되었도다(고린도후서 5:17).

Therefore, if anyone is in Christ, he is a new creation; the old has gone, the new has come!(2 Corinthians 5:17)

THE View

당신이 새 사람이 된 것은 예수 그리스도를 영접하여 죄인인 아담의 족보에서 벗어나 의인이신 예수 그리스도의 족보 안에 들어가게 되었기 때문입니다. 즉, 당신이 새 사람이 된 것은 당신의 선행으로 된 것이 아니라 하나님의 은혜로 된 것입니다.

Because you were taken out from the genealogy of the sinner

Adam through accepting Jesus Christ, and being put in the genealogy of Jesus Christ the righteous One, you became a new person. In other words, it is not by your good works that you became a new person, but by the grace of God.

> **Q1-2.** 새로운 사람이 되었지만 외적으로는 전혀 바뀐 것이 없기 때문에 자신이 새로운 사람이라는 것을 모르는 채로 살아가는 사람들이 많습니다. 어떻게 하면 우리가 새로운 사람임을 확신하며 살아갈 수 있을까요?
>
> **Q1-2.** Many people do not know whether they are new men or not because even though they became new men already no outward appearance was immediately changed at all. Then how can we live as new men with confidence?

영접하는 자 곧 그 이름을 믿는 자들에게는 하나님의 자녀가 되는 권세를 주셨으니(요한복음 1:12).

Yet to all who received him, to those who believed in his name, he gave the right to become children of God(John 1:12).

THE View

이미 죄 사함을 받아 하나님의 자녀가 되었다는 사실과 장차 죽으면 천국에 들어갈 것을 확신하면 됩니다. 즉 구원의 확신을 가지면 됩니다.

We can live as new persons by assuring that we are forgiven already, and became children of God, and after we die we will go to the kingdom of God. In other words, if we have the assurance of salvation, we will live as new persons.

> **Q1-3.** 새사람은 어떤 원칙을 갖고 살아가야 할까요?
> **Q1-3.** What kind of life-principle should a new person have?

그런즉 너희는 먼저 그의 나라와 그의 의를 구하라 그리하면 이 모든 것을 너희에게 더하시리라(마태복음 6:33, 참조 골로새서 3:1,2).

But seek first his kingdom and his righteousness, and all these things will be given to you as well(Matthew 6:33, also see Colossians 3:1,2).

THE View

우선적으로 하나님의 나라와 그의 의를 구하는 삶을 살아야 합니다. '그의 나라를 구하라'는 것은 하나님의 통치를 받는 삶을 살아야 한다는 뜻이고, '그의 의를 구하라'는 것은 하나님과 바른 관계를 맺는 삶을 살아야 한다는 뜻입니다.

First of all, you must live the life of seeking His kingdom and His righteousness. 'Seeking His kingdom' means that you shall live a life in God's rule, and 'seeking His righteousness' means that you have to live a life of proper relationship with God.

II. 이 세상에 진짜 행복은 없지만 구원받은 성도는 진짜 행복한 삶을 살아갈 수 있습니다.

II. There is no true happiness on earth but the believers of Jesus can live a real happy life in Him.

> **Q2-1.** 성경은 이스라엘을 향하여 그들이 행복한 사람이라고 말씀하고 있습니다. 왜 그들이 행복한 사람일까요?
> **Q2-1.** The Bible says to the people of Israel that they were blessed. Why were the people of Israel blessed?

이스라엘이여 너는 행복한 사람이로다 여호와의 구원을 너 같이 얻은 백성이 누구냐 그는 너를 돕는 방패시요 너의 영광의 칼이시로다 네 대적이 네게 복종하리니 네가 그들의 높은 곳을 밟으리로다(신명기 33:29).

Blessed are you, O Israel! Who is like you, a people saved by the LORD? He is your shield and helper and your glorious sword. Your enemies will cower before you, and you will trample down their high places(Deuteronomy 33:29).

THE View

하나님께서 친히 애굽에서 400여 년간 종살이하던 이스라엘백성을 해방시켜주셨을 뿐만 아니라, 그들을 돕는 방패가 되시고 영광의 칼이 되시기 때문입니다. '방패'는 보호를, '영광의 칼'은 승리를 상징합니다.

For not only God Himself delivered the people of Israel from about 400 years of bondage in Egypt, but also He is their shield and helper and their glorious sword. 'Shield' represents protection and the 'glorious sword' represents victory.

> **Q2-2.** 그러나 예수님을 믿음으로 구원받은 성도는 애굽으로부터 구원받은 이스라엘백성과는 비교가 되지 않을 정도로 행복한 사람입니다. 왜 그럴까요?
>
> **Q2-2.** Yet those who are saved by faith in Jesus are much more blessed than the people of Israel who were delivered from Egypt. Why is that so?

불법이 사함을 받고 죄가 가리어짐을 받는 사람들은 복이 있고 주께서 그 죄를 인정하지 아니하실 사람은 복이 있도다(로마서 4:7,8).

Blessed are they whose transgressions are forgiven, whose sins are covered. Blessed is the man whose sin the Lord will never count against him(Romans 4:7,8).

THE View

 이스라엘백성들이 애굽의 종살이에서 해방이 된 것은 잠시지만, 우리가 죄와 사망의 종살이에서 해방된 것은 영원하기 때문입니다(로마서 8:1,2). 즉 이스라엘백성들은 잠깐의 고통에서 구원을 받았지만 우리는 영원한 고통에서 구원을 받았기 때문입니다.

 Because the deliverance of the people of Israel from the bondage of Egypt was 'temporary,' whereas our freedom from the law of sin and death is 'eternal' (Romans 8:1,2). In other words, that is because the people of Israel were delivered from temporary suffering, whereas we are saved from the eternal agony.

> **Q2-3.** 사람들은 세상의 부귀와 영화를 얻으면 행복할 것이라고 생각합니다. 그러나 그것은 신기루에 불과합니다. 왜 그럴까요?
>
> **Q2-3.** People think that they are happy if they have worldly riches and honors. But that is only like a mirage. Why?

 이 세상도, 그 정욕도 지나가되 오직 하나님의 뜻을 행하는 자는 영원히 거하느니라(요한일서 2:17).

 The world and its desires pass away, but the man who does the will of God lives forever(1 John 2:17).

THE View

 이 세상에서 누리는 부귀와 영화는 지나가기 때문입니다. 진짜와 가짜는 '불변성'으로 판단합니다. 가짜는 변하지만 진짜는 변하지 않습니다. 세상의 모든 부귀와 영화는 변하고 지나가는 것이기 때문에 가짜입니다. 따라서 그리스도인은 세상에서 잠시 누리는 부귀와 영화에 마음을 빼앗기면 안 됩니다(시편 37:1-11).

 For the riches and honors on earth pass away. The real or fake is distinguished according to its 'inalterability.' The fake alters but the real alters not. Because all riches and honors on earth alter and pass away, they are not the real. Therefore, Christians must not be seduced by earthly riches and honors(Psalm 37:1-11).

> **Q2-4.** 하나님을 온전히 경외할지라도 가난과 질병 등 각종 문제로 고통을 당할 수 있습니다. 그러나 구원받은 자는 진짜 행복한 사람입니다. 왜 그럴까요?
>
> **Q2-4.** Even if we fear God faithfully, we may suffer from poverty, diseases and various problems. Nonetheless, the saved ones are really happy people. Why are we happy?

…… 하나님이 그들과 함께 계시리니 그들은 하나님의 백성이 되고 하나님은 친히 그들과 함께 계셔서 모든 눈물을 그 눈에서 닦아 주시니 다시는 사망이 없고 애통하는 것이나 곡하는 것이나 아픈 것이 다시 있지 아니하리니 처음 것들이 다 지나갔음이러라(요한계시록 21:3,4).

…… Now the dwelling of God is with men, and he will live with them. They will be his people, and God himself will be with them and be their God. He will wipe every tear from their eyes. There will be no more death or mourning or crying or pain, for the old order of things has passed away(Revelation 21:3,4).

THE View

세상에서는 잠시 고통을 당할지라도 장차 눈물과 사망과 애통하는 것과 곡하는 것과 아픈 것이 없는 천국에서 영원히 안식을 누릴 수 있기 때문입니다. 당신이 행복한 사람임에도 불구하고 불행하다고 생각하면 행복을 누릴 수 없습니다. 다음과 같이 외쳐볼까요? "주님, 저는 정말 행복합니다."

Because even though we suffer on earth, we will rest forever in the kingdom of heaven where there will be no more tear or death or mourning or crying or pain in future. Even if you are a happy person, you cannot enjoy happiness. Now shall we shout together? "Lord, I am really happy!"

III. 우리는 비록 약하지만 하나님 자녀의 권리를 누리며 살아갈 수 있습니다.
III. Although we are weak, we can enjoy the rights of God's children.

> **Q3-1.** 하나님께서는 우리의 행실이 아니라 믿음을 보시고 그분의 자녀로 삼으십니다. 즉 하나님의 자녀가 되는 것은 전적으로 하나님의 은혜입니다. 당신은 정말 이것을 확신하고 있습니까?
>
> **Q3-1.** God accepts us as His children, not because of our works, but because of our faith. In other words, to be children of God is totally by God's grace. Do you really assure this?

너희가 그 은혜를 인하여 믿음으로 말미암아 구원을 얻었나니 이것이 너희에게서 난 것이 아니요 하나님의 선물이라(에베소서 2:8).

For it is by grace you have been saved, through faith and this not from yourselves, it is the gift of God(Ephesians 2:8).

THE View

우리가 전혀 수고하지 않아도 부모님의 자녀가 되듯이, 하나님의 자녀가 되기 위해 우리가 해야 할 일은 하나도 없습니다. 혹 당신이 하나님과 관련해 뭔가를 해야 한다면 하나님의 자녀가 된 후에나 필요할 뿐입니다.

As even if we do not make any effort we become the children of our parents, we do not have to do anything for becoming the children of God. If you have to do something for relationship with God, you will only need it after you become a child of God.

> **Q3-2.** 신분에는 그에 따르는 권리가 주어지듯이, 하나님의 자녀가 되면 그에 따르는 권리가 주어집니다. 하나님의 자녀는 어떠한 권리를 갖게 될까요?
>
> **Q3-2.** As you can have social rights according to your position in the society, if you become God's child you can have rights according to your status. What rights will the child of God have?

너희는 다시 무서워하는 종의 영을 받지 아니하고 양자의 영을 받았으므로 우리가 아빠 아버지라고 부르짖느니라 …… 자녀이면 또한 상속자 곧 하나님의 상속자요 그리스도와 함께 한 상속자니 우리가 그와 함께 영광을 받기 위하여 고난도 함께 받아야 할 것이니라(로마서 8:15-17).

For you did not receive a spirit that makes you a slave again to fear, but you received the Spirit of sonship. And by him we cry, "Abba, Father." …… Now if we are children, then we are heirs--heirs of God and co-heirs with Christ, if indeed we share in his sufferings in order that we may also share in his glory(Romans 8:15-17).

THE View

육신의 자녀가 부모에게 '양육청구권'과 '재산상속권'을 가지고 있듯이, 하나님의 자녀는 영의 아버지께 '양육청구권'과 '재산상속권'을 가지고 있습니다. 따라서 우리는 하나님 아버지께 담대히 도움을 요청할 수 있고, 장차 천국을 유업으로 받을 수 있습니다.

As a child has a right to claim the expenses for his needs and has a right to claim an inheritance from his parents, a child of God has rights to claim his heavenly Father to help him boldly and can inherit the kingdom of heaven in the future.

> **Q3-3.** 하나님의 자녀는 누구나 두 권리를 가지고 있지만 사용하지 않으면 무용지물에 불과합니다. 두 권리를 어떻게 사용할 수 있을까요?
>
> **Q3-3.** Every child of God has two rights. But if he does not use these two rights, these are no better than useless things. How can we use these two rights?

지금까지는 너희가 내 이름으로 아무 것도 구하지 아니하였으나 구하라 그리하면 받으리니 너희 기쁨이 충만하리라(요한복음 16:24).
Until now you have not asked for anything in my name. Ask and you will receive, and your joy will be complete(John 16:24).

이것들을 증언하신 이가 이르시되 내가 진실로 속히 오리라 하시거늘 아멘 주 예수여 오시옵소서(요한계시록 22:20).
He who testifies to these things says, "Yes, I am coming soon." Amen. Come, Lord Jesus(Revelation 22:20).

THE View

첫째로, '양육청구권'은 기도로 사용합니다. 즉 어려운 일을 만날 때에 하나님 아버지께 도움을 청하면 됩니다(빌 4:6,7). 둘째로, '재산상속권'은 장차 죽은 다음에 천국을 유업으로 받는 권리입니다. 그러나 이 세상에서도 그 권리를 사용할 수 있는 방법이 있습니다. 그것은 장차 천국을 유업으로 받을 소망을 갖고 살아가는 것입니다(요한복음 14:1-3).

Firstly, we can use 'the right to claim the expenses for physical needs to parents' by prayer. In other words, when we face hardships, we can claim help to the heavenly Father(Philippians 4:6,7). Secondly, 'the right of inheritance' is basically a right to inherit the kingdom of heaven after you die. But there is a method to use it in this world. It is for us to live with a hope of inheriting the kingdom of heaven in the future(John 14:1-3).

Ⅳ. 구원받은 성도는 성령님을 모시고 있기 때문에 이 세상에서 가장 존귀한 자로 살아갈 수 있습니다.

Ⅳ. Because the believers have the Holy Spirit in them, they can live the life of the most precious people.

> **Q4-1.** 하나님은 한 분이시지만 성부, 성자, 성령 삼위로 존재하시기 때문에 성령님은 곧 하나님이십니다. 성령 하나님께서 어느 곳에 거하실까요?
>
> **Q4-1.** God is One. However, three persons, the Father and the Son and the Holy Spirit, are in one. Therefore, the Holy Spirit is God. Where does God the Holy Spirit live in?

너희는 너희가 하나님의 성전인 것과 하나님의 성령이 너희 안에 계시는 것을 알지 못하느냐(고린도전서 3:16).

Don't you know that you yourselves are God's temple and that God's Spirit lives in you?(1 Corinthians 3:16).

THE View

성령께서는 모든 그리스도인 안에 거하십니다. 즉 오래 믿은 신자뿐만 아니라 갓 믿은 신자 안에도 거하십니다. 성령님을 모시지 않은 그리스도인은 단 한 사람도 없습니다.

The Holy Spirit lives in every believer. He lives not only in old believers, but also in new believers. No believer is without the Holy Spirit in him.

> **Q4-2.** 성령께서는 언제부터 우리 안에 거하기 시작하실까요?
> **Q4-2.** When does the Holy Spirit begin to dwell in us?

그러므로 내가 너희에게 알리노니 하나님의 영으로 말하는 자는 누구든지 예수를 저주할 자라 하지 아니하고 또 성령으로 아니하고는 누구든지 예수를 주시라 할 수 없느니라(고린도전서 12:3).

Therefore I tell you that no one who is speaking by the Spirit of God says, "Jesus be cursed," and no one can say, "Jesus is Lord," except by the Holy Spirit(1 Corinthians 12:3).

THE View

성령님의 역사가 없이는 예수 그리스도를 믿을 수 없기 때문에 우리가 예수 그리스도를 영접하는 것과 동시에 성령께서 우리 안에 거하십니다. 이를 성령의 내주라고 하는데, 교파에 따라서 이를 성령의 충만과 구분하기도 하고 동일하게 보기도 합니다.

Because it is impossible for us to believe in Jesus Christ without the work of the Holy Spirit, the moment we accept Jesus Christ the Holy Spirit begins to live in us. It is called indwelling of the Holy Spirit. However, according to the denominational backgrounds, some think that both infilling of the Holy Spirit and indwelling of the Holy Spirit are the same, whereas others think these are not the same.

> **Q4-3.** 성령께서 우리 안에 거하시므로 우리의 몸은 하나님의 성전이 되었습니다. 우리의 몸이 하나님의 성전이라는 것은 무슨 의미일까요?
>
> **Q4-3.** As the Holy Spirit dwells in us, our body became God's temple. What does it mean exactly?

너희 몸은 너희가 하나님께로부터 받은 바 너희 가운데 계신 성령의 전인 줄을 알지 못하느냐 너희는 너희 자신의 것이 아니라 값으로 사신 것이 되었으니 너희 몸으로 하나님께 영광을 돌리라(고린도전서 6:19,20).

Do you not know that your body is a temple of the Holy Spirit, who is in you, whom you have received from God? You are not your own; you were bought at a price. Therefore honor God with your body(1 Corinthians 6:19,20).

THE View

우리의 몸이 하나님의 성전이 되었다는 것은 크게 세 가지 의미가 있습니다. 첫째로, 우리의 몸을 마음대로 사용할 수 없게 되었다는 뜻입니다. 왜냐하면 하나님께서 값을 지불하시므로 우리의 주인이 되셨기 때문입니다. 둘째로, 하나님께서 우리와 함께 하신다는 뜻입니다. 왜냐하면 항상 우리 안에 계시기 때문입니다. 셋째로, 우리가 매우 존귀한 자가 되었다는 뜻입니다. 왜냐하면 그릇의 가치는 그 안에 무엇을 담느냐에 달려있는데, 질그릇 같은 우리 안에 전지전능하신 하나님께서 거하시기 때문입니다. 따라서 더러운 생각과 음행과 술과 담배를 멀리하고, 몸에 해로운 음식을 섭취하지 말아야 합니다(참조, 고린도전서 3:17).

The meaning that our body is a temple of God is broken into three. Firstly, it means that we cannot use our body according to our own wills. Secondly, it means that God is with us, for God is always in us. Thirdly, it means that we became very precious people. This is because, as the value of a vessel depends upon what stuff the vessel contains, God dwells in our body which is like an earthenware vessel. So we must avoid foul thoughts, sexual immorality, drinking alcoholic beverages, smoking cigarettes, all kinds of detrimental food(see 1 Corinthians 3:17).

Ⅴ. 구원받은 성도는 하나님의 자녀이기 때문에 하나님께서 함께하시는 표적을 경험할 수 있습니다.
Ⅴ. The believers can experience the signs of God's presence because they are children of God.

> **Q5-1.** 예수께서는 자신이 하신 일을 우리도 할 수 있을 뿐 아니라 자신이 하신 일보다 더 큰 일도 할 것이라고 말씀하셨습니다(요한복음 14:12). 어떤 사람이 그렇게 할 수 있다고 하셨습니까?
>
> **Q5-1.** Jesus said that we will do what He did and we will do even greater things than what He did(John 14:12). Who can do the greater things than what Jesus did?

내가 진실로 진실로 너희에게 이르노니 나를 믿는 자는 내가 하는 일을 그도 할 것이요 또한 그보다 큰 일도 하리니 이는 내가 아버지께로 감이라(요한복음 14:12).

I tell you the truth, anyone who has faith in me will do what I have been doing. He will do even greater things than these, because I am going to the Father(John 14:12).

THE View

예수님을 '믿는 자'입니다. 예수님을 믿는 자는 하나님의 자녀이기 때문에 예수께서 행하신 일을 똑같이 할 수 있습니다. 당신이 정말 예수님을 믿어 하나님의 자녀가 되었다면 당신도 예수님처럼 기적을 행할 수 있습니다.

Anyone who has faith in Jesus can do. Anyone who believes in

Jesus is a child of God, so that he can do the same things Jesus did. If you truly believed in Jesus and became a child of God, you also can perform miracles as Jesus did.

> **Q5-2.** 왜 삶 속에서 하나님께서 함께하시는 표적을 경험하며 살아가는 그리스도인들이 많지 않을까요?
>
> **Q5-2.** Why do not many Christians experience the signs of God's presence in their lives?

믿는 자들에게는 이런 표적이 따르리니 곧 저희가 내 이름으로 귀신을 쫓아내며 새 방언을 말하며 뱀을 집으며 무슨 독을 마실지라도 해를 받지 아니하며 병든 사람에게 손을 얹은즉 나으리라 하시더라 …… 제자들이 나가 두루 전파할새 주께서 함께 역사하사 그 따르는 표적으로 말씀을 확실히 증언하시니라(마가복음 16:17-20).

And these signs will accompany those who believe: In my name they will drive out demons; they will speak in new tongues; they will pick up snakes with their hands; and when they drink deadly poison, it will not hurt them at all; they will place their hands on sick people, and they will get well …… Then the disciples went out and preached everywhere, and the Lord worked with them and confirmed his word by the signs that accompanied it(Mark 16:17-20).

THE View

한마디로 복음을 전하지 않기 때문입니다. 제자들이 복음을 전할 때에 그 따르는 표적으로 말씀을 확실히 증언할 수 있었듯이, 우리가 복음을 전하면 하나님께서 약속하신 표적이 따르는 것을 경험할 수 있습니다.

In short, it is because they do not preach the good news. As the disciples of Jesus preached the good news, signs were accompanied, if we preach the good news, the signs that God promised to the believers will be accompanied.

> **Q5-3.** 하나님께서 함께하시는 표적을 경험하게 되면 신앙에 어떤 유익이 있을까요?
>
> **Q5-3.** If we experience the signs of God's presence, what benefits in our Christian faith will there be?

사도들의 손을 통하여 민간에 표적과 기사가 많이 일어나매 믿는 사람이 다 마음을 같이 하여 솔로몬 행각에 모이고 그 나머지는 감히 그들과 상종하는 사람이 없으나 백성이 칭송하더라 믿고 주께로 나아오는 자가 더 많으니 남녀의 큰 무리더라(사도행전 5:12-14, 참조 사도행전 8:4-8; 마가복음 16:20).

The apostles performed many miraculous signs and wonders among the people. And all the believers used to meet together in Solomon's Colonnade. No one else dared join them, even though they were highly regarded by the people(Acts 5:12,13, also see Acts 8:4-8; Mark 16:20).

THE View

따르는 표적으로 말씀을 확실히 증거하며, 성도들이 한 마음으로 모이게 되며, 세상 사람들에게 칭찬을 받게 되고, 큰 부흥이 일어나게 되며, 신앙이 빠르게 성장하는 등 많은 유익이 있습니다.

The benefits are: The following signs confirm God's word. The believers meet together in united heart; they get highly regarded by the people; great revival occurs; the faith of the believers grow rapidly and much more.

세 번째 만남 | Third Meeting
성경은 영혼의 양식입니다
The Bible is the bread of your soul

성경은 하나님의 자녀와 불가분의 관계에 있습니다. 왜냐하면 우리가 하나님의 말씀으로 거듭났을 뿐 아니라(베드로전서 1:23), 성경은 날마다 섭취해야 할 영혼의 양식이기 때문입니다(베드로전서 2:2). 사람이 음식을 제대로 먹지 않으면 건강을 유지할 수 없듯이, 하나님의 자녀는 영의 양식인 하나님의 말씀을 잘 섭취하지 않으면 영적인 건강을 유지할 수 없습니다. 성경은 예배시간에만 잠시 보는 책이 아니라, 우리가 늘 가까이 해야 할 동반자입니다.

The Bible is inseparably related to God's children because not only we are born again through the word of God(1 Peter 1:23), but also it is the daily spiritual bread for us(1 Peter 2:2). As if a person does not eat food properly his health cannot be maintained well, if God's children do not eat the word of God which is the spiritual food, we cannot maintain our spiritual health. The Bible is not a book which we read during worship times only, but it is our companion which we have to be close always.

세 번째 만남 | Third Meeting
성경은 영혼의 양식입니다
The Bible is the bread of your soul

> **Q1.** 성경은 인간의 언어로 기록되었지만 하나님의 뜻과 생각을 기록했기 때문에 하나님의 말씀이라고 합니다. 성경이 하나님의 말씀인지 우리가 어떻게 알 수 있을까요?
>
> **Q1.** Although the Bible was written in human languages, since it was written on the will and thought of God, it is called the word of God. How can we know whether the Bible is the word of God or not?

첫째로, 성경 스스로 하나님의 말씀이라고 증거하고 있기 때문입니다.
Firstly, the Bible itself testifies that it is the word of God.

THE View

어떤 책에도 성경을 인용하는 경우를 제외하고는 '하나님께서 이르시되' 혹은 '주님께서 이르시되'라는 말이 등장하지 않습니다. 그런데 오직 성경에만 이런 표현이 2,000여 회나 기록되어 있다는 것은 성경이 곧 '하나님의 말씀'임을 증명하는 것입니다(창세기 1:3,6,9,11, 7:1, 12:1 등).

In other books, there is no word like 'God says' or 'The LORD says' except textual quotations from the Bible. However, only in the Bible more than 2,000 times of 'God says' or 'The LORD says' is written, and this proves that the Bible alone is the word of God(Genesis 1:3,6,9,11, 7:1, 12:1, etc.).

둘째로, 수많은 사람들이 성경을 없애려고 했지만 지금까지도 보존되어 있기 때문입니다.
Secondly, in spite of many people's attempts to destroy the Bible, it is preserved until now.

THE View

성경은 세상에서 가장 많이 사랑을 받는 책이지만 동시에 가장 많이 미움을 받는 책입니다. 로마제국의 절대 권력자였던 디오클레티안 황제는 "모든 성경을 불태워라"라고 했고, 심지어 "성경을 지닌 자는 모조리 죽여라"라고 명령했습니다. 그러나 지금까지 성경이 보존되어 있을 뿐만 아니라 더 많은 사람들에게 읽혀지고 있습니다. 그것은 전능하신 하나님께서 친히 자신의 말씀을 보호하시기 때문입니다(마태복음 24:35).

The Bible is the most loved book and at the same time it is the most hated book in the world. A Roman emperor Gaius Aurelius Valerius Diocletianus said, "Burn all the Bible!", and even commanded to kill those who held the Bible. But the Bible is preserved until now and it is being read by more people. It is because the Almighty God preserves His word by Himself (Matthew 24:35).

셋째로, 성경의 내용이 다양하지만 한 가지 통일된 주제를 주장하고 있기 때문입니다.
Thirdly, although the Bible has various contents, it tells a consistent subject.

THE View

성경은 약 40여 명의 저자들에 의해 1600년간 쓰였는데, 대부분의 저자들은 서로를 알지 못했으며 동시대나 같은 지역에 살지도 않았습니다. 그런데 어떻게 신구약 성경 66권이 모두 예수 그리스도에 대하여 증거하고 있을까요? 그것은 성경의 모든 저자들이 하나님의 감동으로 기록했기 때문입니다.

The Bible was written in a period of about 1,600 years by about 40 writers. Most of the writers of the Bible did not know each other, nor they were contemporary writers, nor did they live in the same area. Yet how can all the 66 Scriptures testify about Jesus

Christ? For the writers wrote all the Scriptures under the inspiration of God.

넷째로, 성경의 모든 예언이 하나도 틀림없이 약속하신 대로 성취되었기 때문입니다.
Fourthly, all the prophecies in the Bible were fulfilled as promised.

THE View

성경에는 예수님과 관련된 각기 다른 예언이 300개나 있는데 하나도 틀림없이 성취되었습니다. 예를 들면, 예수께서 여자의 후손으로 오실 것이라는 예언대로(창세기 3:15) 여자의 후손으로 오셨고(갈라디아서 4:4,5), 처녀가 잉태하여 아들을 낳을 것이라는 예언대로(이사야 7:14) 동정녀 마리아의 몸에서 나셨고(누가복음 1:27), 베들레헴에서 탄생할 것이라는 예언대로(미가서 5:2) 베들레헴에서 탄생하셨습니다(마태복음 2:1). 예수께서 다시 오신다는 예언만 아직 성취되지 않았는데 그 예언도 때가 되면 반드시 성취될 것입니다(사도행전 1:11). 일반적으로 예언가들의 예언은 맞는 경우도 있지만 틀리는 경우가 더 많습니다. 그러나 성경의 예언은 하나님의 말씀이기 때문에 단 한 번도 틀린 경우가 없습니다.

There are 300 prophecies about Jesus in the Bible and all were fulfilled exactly. For instances, as it was prophesied that Messiah would come as an offspring of a woman(Genesis 3:15), exactly Jesus was born of a woman(Galatians 4:4,5); as prophesied that the virgin would give birth to a son, Jesus was born to the virgin Mary(Luke 1:27); as prophesied that He would be born in Bethlehem, Jesus was born in Bethlehem(Matthew 2:1). Only the prophecy of the second coming of Jesus is not yet fulfilled but it will also be fulfilled in the appointed time(Acts 1:11). Some of the prophecies of so-called prophets may be accurate but more of them are inaccurate. But the prophecies in the Bible are the words of God, so that none of them is inaccurate.

다섯째로, 하나님의 말씀을 통하여 전능하신 하나님의 능력이 드러나기 때문입니다.
Fifthly, through the word, God's almighty power is manifested.

THE View

성경은 전능하신 하나님의 말씀이기 때문에 하나님의 말씀을 믿고 순종하면 기적적인 일이 일어납니다. 예를 들면, 죄인이 죄 사함을 받아 구원받고(로마서 1:16), 마귀의 자녀가 하나님의 자녀가 되고(요한복음 1:12), 옛 사람이 새사람이 되고(고린도후서 5:17), 죽은 자가 살아나고(로마서 4:17), 불치의 병을 고침 받기도 합니다. 이와 같이 성경을 통하여 하나님만이 하실 수 있는 기적이 나타나는 것은 성경이 곧 하나님의 말씀이라는 증거입니다.

For the Bible is the word of God, when we believe and obey it, miracles happen. For instances, sinners are forgiven and saved(Romans 1:16); the offsprings of the devil become the children of God(John 1:12); the old has gone but the new has come(2 Corinthians 5:17); the dead people are raised(Romans 4:17), and even incurable diseases are healed. What the miracles, which only God can perform, happen through the Bible is the evidence that the Bible is the word of God.

Q2. 성경은 누가, 언제, 어디서, 무엇에, 무슨 언어로 기록하였을까요?

Q2. By whom, when, where, on what and in what languages was the Bible written?

THE View

누가: 성경은 성령님의 감동을 받은 40여 명의 사람들이 기록하였습니다(베드로후서 1:21). 성경을 성령님의 감동으로 기록했다는 말은 성령님께서 성경을 쓴 사람들의 배후에서 역사하셔서 하나도 틀림없이 완전하게 기록하셨다는 말입니다. 그래서 성경에는 오류가 하나도 없습니다.

By whom: The Bible was written by about 40 people who were inspired by the Holy Spirit(2 Peter 1:21). What we say that the Bible was written by inspiration of the Holy Spirit means that the Holy Spirit used the writers to write it accurately. So there is no inaccuracy in the Bible.

언제: 성경은 특정한 날짜와 짧은 기간에 기록되지 않았습니다. 구약은 약 1500년간, 신약은 약 100년간 기록되었습니다. 즉 성경은 주전 1500년부터 시작하여 주후 100년경까지 약 1600년 동안에 걸쳐 기록된 책입니다.

When: The Bible was not written in a certain day or a short period. The Old Testament was written about in a period of 1,500 years and the New Testament was written about in a period of 100 years. In other words, the Bible was written from B.C. 1,500 to A.D. 100, and the whole period is about 1,600 years.

어디서: 성경은 한 장소에서 기록되지 않았습니다. 40여 명의 저자들이 각각 그들이 처한 곳에서 기록했습니다.

Where: The Bible was not written in one place. About 40 writers wrote it in their respective places.

무엇에: 구약은 동물의 가죽에 기록되었고, 신약은 파피루스라는 초목으로 만들어진 종이에 기록되었습니다. 현재 원본은 없고 사본만 보존되고 있으며 계속해서 번역 작업이 이루어지고 있습니다. 현재 우리가 사용하고 있는 성경은 개역개정판입니다.

On what: The Old Testament was written on animal skins and the New Testament was written on papyrus which was made of grass and trees. In the present age, the original texts are missing. Instead, copies are preserved and being translated in many languages continuously. The English version we use now in this book is New International Version of the Bible.

언어: 성경은 세 가지 언어로 기록되었습니다. 구약성경은 히브리어가 대부분이지만 아람어가 포함되어 있고, 신약성경은 헬라어로 기록되었습니다.
In what languages: The Bible was written in three languages. Mainly the Old Testament was written in Hebrew but Aramaic also was included, whereas the New Testament was written in Greek.

> **Q3.** 성경은 신약과 구약으로 나뉘는데, 예수님 탄생 이전의 사건을 기록한 것을 구약성경이라 하고 그 후의 사건을 기록한 것을 신약성경이라고 합니다. 구약성경은 39권(929장), 신약성경은 27권(260장), 모두 66권(1,189장)이며 총 31,173구절로 구성되어 있습니다. 신구약을 각각 세분한다면 어떻게 될까요?
>
> **Q3.** The Bible is divided into New Testament and Old Testament. The history before the birth of Jesus is called Old Testament and the history after His birth is called New Testament. 39 books with 929 chapters are in Old Testament, and 27 books with 260 chapters are in New Testament. It is 66 books with 1,189 chapters in all, and is consisted of 31,173 verses. How can we subdivide each Testament?

THE View

구약성경은 크게 4부분으로 구분할 수 있습니다. 모세의 율법을 기록한 율법서(5권), 구약의 역사를 기록한 역사서(12권), 문학작품을 모은 시가서(5권), 선지자들의 글을 모은 예언서(17권)로 구분합니다. 신약성경도 크게 4부분으로 구분할 있습니다. 예수님의 생애와 사역을 기록한 복음서(4권), 교회의 역사를 기록한 역사서(1권), 교회에 보낸 편지를 모은 서신서(21권), 종말의 예언을 기록한 예언서(1권)로 구분할 수 있습니다.

The Old Testament is broken into four: There are five books of Moses, twelve books on history, five books of poems and songs and seventeen prophetic books of the prophets. Even the New Testament is broken into four: There are four gospels that tell Jesus' life and ministry, a book of historical accounts of the early church, twenty-one epistles to churches and a book of revelation on the end time.

> **Q4.** 신약성경은 예수께서 이 세상에 오셔서 하신 일을 기록하고 있을 뿐 아니라, 십자가에 돌아가시고 부활 승천하신 후 오신 성령님을 통하여 세워진 예수님의 교회가 어떻게 성장해왔는지의 과정, 그리고 예수께서 다시 오신다는 약속을 기록하고 있습니다. 한마디로 신약성경은 예수 그리스도에 대하여 기록한 책입니다. 그렇다면 구약성경은 무엇에 대하여 기록한 책일까요?
>
> **Q4.** The New Testament is written not only on the accounts of Jesus' birth and ministries on earth, but also His death on the cross, resurrection, the process of growth of His church through the power of the Holy Spirit who came after Jesus' ascension and the promise of His second advent. In a word, the New Testament is written about Jesus Christ. If so, what about the Old Testament?

너희가 성경에서 영생을 얻는 줄 생각하고 성경을 연구하거니와 이 성경이 곧 내게 대하여 증언하는 것이니라(요한복음 5:39).

You diligently study the Scriptures because you think that by them you possess eternal life. These are the Scriptures that testify about me(John 5:39).

THE View

구약성경도 예수 그리스도에 대해 기록한 책입니다. 위 말씀은 예수께서 유대인들에게 친히 하신 말씀인데, 예수님 당시에는 신약성경이 없었기 때문에 예수께서 말씀하신 성경은 구약을 일컫는 것입니다(참조, 누가복음 24:27). 즉 구약성경은 단순히 이스라엘의 역사를 기록한 책이 아니라 예수 그리스도를 증거하는 책입니다.

The Old Testament also was written about Jesus Christ. Above John 5:39 was spoken by Jesus Himself to the Jews who believed in Him. At that time, however, because there was no New Testament, the scriptures what Jesus told were the Old Testament(See Luke 24:27). In other words, the Old Testament was not simply written about the history of Israel but was written to testify Jesus Christ.

> **Q5.** 모든 책을 기록한 목적이 있듯이 성경을 기록한 목적 또한 있습니다. 어떤 목적을 갖고 기록했을까요?
>
> **Q5.** As all books in the world have objectives, the Bible has its objective too. In what objective the Bible was written?

첫째로, 성경은 구원 얻는 길을 가르쳐주는 '구원교과서'입니다.
Firstly, the Bible is 'The Guide Book for Salvation' which directs people to the way of salvation.

> 너희는 그 은혜에 의하여 믿음으로 말미암아 구원을 받았으니 이것은 너희에게서 난 것이 아니요 하나님의 선물이라 행위에서 난 것이 아니니 이는 누구든지 자랑하지 못하게 함이라(에베소서 2:8,9, 참조 디모데후서 3:15).
>
> For it is by grace you have been saved, through faith--and this not from yourselves, it is the gift of God--not by works, so that no one can boast(Ephesians 2:8,9; also see 2 Timothy 3:15).

THE View

성경은 윤리교과서가 아니라 구원교과서입니다. 어떻게 하면 구원을 받는다고 가르치고 있습니까? 인간의 행위가 아니라 하나님의 은혜 안에서 믿음으로 말미암아 구원을 받는다고 말씀하고 있습니다. 구원은 전적으로 하나님의 은혜로 받는 것입니다.

The Bible is not a book of moral philosophy, but of the salvation. What does the Bible teach about the way of salvation?

It says that not by works but through faith in God's grace we are saved. Salvation is given by God's grace only.

둘째로, 성경은 구원 얻은 하나님의 자녀가 어떻게 살아가야 할지를 가르쳐주는 '신앙지침서'입니다.
Secondly, the Bible is 'The Guide Book for Faith' that teaches the saved children of God about how they have to live.

> 모든 성경은 하나님의 감동으로 된 것으로 교훈과 책망과 바르게 함과 의로 교육하기에 유익하니 이는 하나님의 사람으로 온전하게 하며 모든 선한 일을 행할 능력을 갖추게 하려 함이라(디모데후서 3:16,17).
>
> All Scripture is God-breathed and is useful for teaching, rebuking, correcting and training in righteousness, so that the man of God may be thoroughly equipped for every good work (2 Timothy 3:16,17).

THE View

성경은 하나님의 자녀가 가야 할 길과 가지 말아야 할 길을 가르쳐주고 있습니다(시편 119:105). 하나님의 말씀을 따라 살고 있지 않다면 그릇된 길로 가고 있는 것입니다.

The Bible teaches the children of God about the way to go and the way not to go(Psalm 119:105). If we are not living according to God's word, it means that we are walking in the wrong way.

셋째로, 성경은 우리가 영원히 성공하는 법을 가르쳐주는 '성공지침서'입니다.
Thirdly, the Bible is 'The Guide Book for Success' that teaches the law of eternal success.

> 이 율법책을 네 입에서 떠나지 말게 하며 주야로 그것을 묵상하여 그 안에 기록된 대로 다 지켜 행하라 그리하면 네 길이 평탄하게 될 것이며 네가 형통하리라(여호수아 1:8).
>
> Do not let this Book of the Law depart from your mouth;

meditate on it day and night, so that you may be careful to do everything written in it. Then you will be prosperous and successful(Joshua 1:8).

THE View

성공은 개인의 능력이나 처세술에 달려있지 않고 하나님의 말씀에 얼마나 순종하느냐에 달려 있습니다. 말씀의 터 위에 세우지 않은 인생은 성공한 것 같지만 곧 무너지는 모래성과 같음을 알아야 합니다(마태복음 7:24-27).

Success does not depend on personal abilities or the art of managing in society, but it depends on how much you obey God. You must know that if you do not build yourself on the foundation of God's word, although your life looks successful, it will fall with great crash like a sand citadel(Matthew 7:24-27).

Q6. 성경은 하나님의 말씀이기 때문에 일반 책과는 다르게 취급해야 합니다. 단순히 정보나 지식을 얻기 위해서 성경을 읽으면 안 됩니다. 하나님의 말씀을 어떻게 대해야 할까요?

Q6. We must treat the Bible unlike any other book because it is the word of God. It would not be proper if we just read the Bible for gaining biblical knowledge or information. How can we treat the word of God?

첫째로, 하나님의 말씀을 자주 들어야 합니다.
Firstly, we must hear the word of God frequently.

그러므로 믿음은 들음에서 나며 들음은 그리스도의 말씀으로 말미암았느니라(로마서 10:17).

Consequently, faith comes from hearing the message, and the message is heard through the word of Christ(Romans 10:17).

THE View

믿음은 들음에서 나기 때문에 하나님의 말씀을 자주 들어야 합니다. 가장 복된 자는 하나님의 말씀에 자주 귀를 기울이는 자입니다.

For faith comes from hearing the message, we must hear the word of God as frequently as possible. The most blessed man is the one who hears the word of God frequently and attentively.

둘째로, 하나님의 말씀을 자주 읽어야 합니다.
Secondly, we must read the word of God frequently.

평생에 자기 옆에 두고 읽어 그의 하나님 여호와 경외하기를 배우며 이 율법의 모든 말과 이 규례를 지켜 행할 것이라(신명기 17:19).

It is to be with him, and he is to read it all the days of his life so that he may learn to revere the LORD his God and follow carefully all the words of this law and these decrees(Deuteronomy 17:19).

THE View

성경은 예배시간에만 보는 책이 아닙니다. 영의 양식이기 때문에 그 어떤 책보다 가까이 하고 자주 읽어야 합니다.

The Bible is not for worship times only. It is the spiritual bread, so that we must be intimate with it and read it more frequently than any other book.

셋째로, 하나님의 말씀을 부지런히 연구해야 합니다.
Thirdly, we must study the word of God diligently.

베뢰아에 있는 사람들은 데살로니가에 있는 사람들보다 더 너그러워서 간절한 마음으로 말씀을 받고 이것이 그러한가 하여 날마다 성경을 상고하므로(사도행전 17:11, 참조 에스라 7:10; 이사야 34:16).

Now the Bereans were of more noble character than the Thessalonians, for they received the message with great eagerness and examined the Scriptures every day to see if what Paul said was true(Acts 17:11, also see Ezra 7:10; Isaiah 34:16).

THE View

연구란 보다 더 주의를 기울여서 성경을 자세히 읽는 것입니다. 말씀을 듣고 읽는 단계에서 멈추지 말고 성경을 좀 더 깊이 알기 위해 노력해야 합니다.

To study the Bible means more careful reading of the Bible. We must not be satisfied at hearing and reading only, but must try to know it deeper and deeper.

넷째로, 하나님의 말씀을 암송해야 합니다.
Fourthly, we must memorize God's word.

내 아들아 내 말을 지키며 내 계명을 간직하라(잠언 7:1, 참조 시편 119:11).

My son, keep my words and store up my commands within you(Proverbs 7:1, also see Psalm 119:11).

THE View

성경을 암송하는 것은 하나님의 말씀을 마음에 두는 것입니다. 성경을 암송하면 마음에 간직하게 되어 말씀을 필요로 하는 상황에서 즉시 사용할 수 있습니다.

To memorize God's word is to keep His word and to store up His commands within our hearts. If we memorize the Bible verses, we can store them in our hearts, and we can use them immediately, whenever we encounter situations in need of the word.

다섯째로, 하나님의 말씀을 묵상해야 합니다.
Fifthly, we must meditate on God's word.

오직 여호와의 율법을 즐거워하여 그의 율법을 주야로 묵상하는도다(시편 1:2).

But his delight is in the law of the LORD, and on his law he meditates day and night(Psalm 1:2).

THE View

묵상은 하나님의 말씀을 되새김질하는 것입니다. 즉 하나님의 말씀을 읽고 듣고 연구하던 중 마음에 와 닿은 말씀을 반복해서 생각하는 것입니다. 하나님의 말씀을 묵상하는 단계까지 나아가지 않으면 말씀대로 살아갈 수 없습니다.

Meditation is rumination of God's word. In other words, meditation is to ruminate the words that touched your heart repeatedly while reading, hearing and studying. If we do not proceed to the stage of meditation, it is impossible for us to live according to the word.

네 번째 만남 | Fourth Meeting
하나님과 대화할 수 있습니다
You can converse with God

기도는 하나님과 대화를 하는 것입니다. 갓난아이가 말을 할 줄 몰라도 울음으로 자신의 의사를 표현하듯이, 갓 믿은 성도일지라도 하나님께 자신의 뜻과 소원을 아뢸 수 있습니다. 기도는 영혼의 호흡이기에 기도를 멈추는 순간 영적인 호흡이 멈추게 되므로 쉬지 말고 기도해야 합니다. 구약시대에는 제사장만 특별한 시간과 장소에서 하나님께 나아갈 수 있었지만, 지금은 누구나 언제나 어디서든지 하나님께 나아갈 수 있습니다.

Prayer is the believer's two-way communication with God. As a baby cannot speak words but he expresses his wishes through crying, even the new believer can ask God what he is wishing and hoping. Because prayer is a spiritual breath, the moment prayer stops our spiritual breath is stopped, so that we should pray without ceasing. In the Old Testament era, only the priests could go to God at specific time and specific place, but in this present time anyone can go to God anytime and anywhere.

네 번째 만남 | Fourth Meeting
하나님과 대화할 수 있습니다
You can converse with God

> **Q1.** 우리는 종종 주변에서 그리스도인들이 하나님께 기도하는 모습을 볼 수 있습니다. 그들이 기도하는 모습을 보면서 평소 어떻게 생각하는지 적어보세요.
>
> **Q1.** Probably you can see Christians praying to God. Please write down what you think when you see them praying to God.

그는 육체에 계실 때에 자기를 죽음에서 능히 구원하실 이에게 심한 통곡과 눈물로 간구와 소원을 올렸고 그의 경건하심으로 말미암아 들으심을 얻었느니라(히브리서 5:7).

During the days of Jesus' life on earth, he offered up prayers and petitions with loud cries and tears to the one who could save him from death, and he was heard because of his reverent submission(Hebrews 5:7).

THE View

우리가 하나님께 기도하지만 기도하는 모습은 사람의 성격이나 신앙의 색깔에 따라 얼마든지 다를 수 있습니다. 큰 소리로 기도할 수도 있고, 침묵으로 기도할 수도 있고, 눈물로 기도할 수도 있습니다. 예수께서도 크게 소리를 지르고 눈물을 흘리며 기도와 간구를 하셨음을 알아야 합니다. 따라서 기도의 외적인 모습만 보고 함부로 다른 사람의 기도를 비판해서는 안 됩니다.

Although we pray to God, each person's praying style may be different according to his personal character and color of faith.

We may pray with loud cries or in silence or with tears. We might know that Jesus Himself also offered up prayers and petitions with loud cries and tears. So we must not criticize other people's outward praying styles by a look.

> **Q2.** 기도는 하나님과 일대일로 대화하는 것입니다. 우리는 한 나라의 대통령과 단독으로 만나 이야기해도 영광스럽게 생각합니다. 하물며 만왕의 왕이신 하나님과 일대일로 만나서 대화를 한다면 얼마나 영광스럽겠습니까? 당신에게 이런 특권이 있음을 알고 있습니까?
>
> **Q2.** Prayer is one-to-one conversation with God. We are greatly honored if we meet and converse with the president of our country one-to-one. How much more we are honorable if we have conversations with God one-to-one, who is the King of all kings? Do you know that we have such privilege?

그러므로 우리는 긍휼하심을 받고 때를 따라 돕는 은혜를 얻기 위하여 은혜의 보좌 앞에 담대히 나아갈 것이니라(히브리서 4:16).

Let us then approach the throne of grace with confidence, so that we may receive mercy and find grace to help us in our time of need(Hebrews 4:16).

THE View

우리는 하나님의 자녀이기 때문에 떳떳하게 하나님과 일대일로 대화할 수 있습니다. 비신자도 하나님께 기도할 수 있지만 비신자의 기도와 성도의 기도는 본질적으로 다릅니다. 비신자의 기도는 구걸이지만 성도의 기도는 당연한 권리를 행사하는 것입니다.

We are the children of God, so that we can rightfully converse with God one-to-one. The unbeliever also can pray to God, but the prayer of the unbeliever is essentially different from the prayer of the believer. The prayer of the unbeliever is only a begging, but the prayer of the believer is an act of exercising his undoubted right.

> **Q3.** 기도가 하나님과의 대화임을 알고 있어도 하나님과 대화하는 것을 쉽다고 생각하지 않으면 쉽게 기도할 수 없습니다. 성경은 우리와 하나님과 대화를 어떻게 묘사하고 있을까요?
>
> **Q3.** Even if you know that prayer is a conversation with God, unless you think that prayer is easy, you will face difficulties in praying. How does the Bible describe our conversation with God?

사람이 자기의 친구와 이야기함 같이 여호와께서는 모세와 대면하여 말씀하시며(출애굽기 33:11).

The LORD would speak to Moses face to face, as a man speaks with his friend(Exodus 33:11).

THE View

하나님께서는 우리와 친구처럼 대화하기 원하십니다. 이 세상에 친구처럼 이야기하기 편한 사람은 없습니다.

God wants to speak to us as He speaks with His friend. There is none like a friend whom we can speak without any discomfort.

> **Q4.** 대다수의 그리스도인들은 교회에 가야만 기도를 할 수 있다고 생각합니다. 정말 그럴까요?
>
> **Q4.** Most of the Christians think that if they want to pray they should go to the church. Is it so?

내가 주의 영을 떠나 어디로 가며 주의 앞에서 어디로 피하리이까 내가 하늘에 올라갈지라도 거기 계시며 스올에 내 자리를 펼지라도 거기 계시니이다 내가 새벽 날개를 치며 바다 끝에 가서 거주할지라도 거기서도 주의 손이 나를 인도하시며 주의 오른손이 나를 붙드시리이다(시편 139:7-10).

Where can I go from your Spirit? Where can I flee from your presence? If I go up to the heavens, you are there; if I make my bed in the depths, you are there. If I rise on the wings of the dawn, if I settle on the far side of the sea, even there your hand will guide me, your right hand will hold me fast(Psalm 139:7-10).

THE View

하나님은 영이시므로 아니 계신 곳이 없습니다. 그렇기 때문에 기도를 특정한 장소(교회나 기도원)나, 특별한 시간(새벽기도회)에만 하는 것으로 생각해서는 안 됩니다. 기도는 영혼의 호흡이기 때문에 언제 어디서나 해야 합니다(데살로니가전서 5:17).

God is a Spirit, so that He is omnipresent. So you might not think that prayer can be offered up to God in only particular places like church buildings and prayer houses, or can be offered up in particular hours like dawn prayer times. Since prayer is a spiritual breath, you shall pray anytime and anywhere(1 Thessalonians 5:17).

> **Q5.** 기도의 응답을 받기 위해서는 하나님께서 기뻐하시는 대화 방법을 알아야 합니다. 어떻게 하면 기도의 응답을 받을 수 있을까요?
> **Q5.** In order to be answered for prayer, we should know the method of God-pleasing conversation. How can we be answered by God for prayer?

첫째로, 오직 믿음으로 기도해야 합니다.
Firstly, we must pray with faith.

오직 믿음으로 구하고 조금도 의심하지 말라 의심하는 자는 마치 바람에 밀려 요동하는 바다 물결 같으니 이런 사람은 무엇이든지 주께 얻기를 생각하지 말라 두 마음을 품어 모든 일에 정함이 없는 자로다(야고보서 1:6-8).

But when he asks, he must believe and not doubt, because he who doubts is like a wave of the sea, blown and tossed by the wind. That man should not think he will receive anything from the Lord; he is a double-minded man, unstable in all he does(James 1:6-8).

THE View

기도하면서 의심하는 것은 하나님의 능력을 믿지 못하는 것이기 때문에 응답을 받을 수 없습니다. 오직 믿음으로 기도할 때에 하나님께서 기뻐하시고 응답해주십니다(마태복음 21:22).

If we doubt when we pray, we cannot be answered by God because doubt means that we do not believe the power of God. When we pray with faith, God is pleased to answer our prayers(Matthew 21:22).

둘째로, 자신의 정욕을 버리고 하나님의 뜻대로 구해야 합니다.
Secondly, we should ask according to God's will without any wrong motive.

구하여도 받지 못함은 정욕으로 쓰려고 잘못 구하기 때문이라(야고보서 4:3).

When you ask, you do not receive, because you ask with wrong motives, that you may spend what you get on your pleasures (James 4:3).

THE View

하나님의 뜻대로 기도해야 응답을 받을 수 있습니다(요한일서 5:14). 자신의 기도가 하나님의 뜻대로 구하는 것인지 아닌지를 어떻게 알 수 있을까요? 하나님의 영광을 구하고 있다면 하나님의 뜻대로 구하는 것이고, 그렇지 않다면 자신의 정욕을 좇아 구하는 것입니다.

If we ask anything according to His will, we can receive what we ask(1 John 5:14). How can we know that we ask according to His will or not? If we are asking something for God's glory, our asking is according to His will. If not, it is for our pleasures.

셋째로, 즉시 응답이 없어도 낙심치 말고 인내하며 기도해야 합니다.
Thirdly, even if we are not answered quickly, we must pray without disappointment but with perseverance.

> 너희에게 인내가 필요함은 너희가 하나님의 뜻을 행한 후에 약속하신 것을 받기 위함이라(히브리서 10:36).
>
> You need to persevere so that when you have done the will of God, you will receive what he has promised(Hebrews 10:36).

THE View

기도의 응답은 하나님께서 주시는 것이기 때문에 하나님께서 응답하실 때까지 기다려야 합니다.

Answer for prayer is given by God, so that we need to wait until He answers.

넷째로, 간절하게 기도해야 합니다.
Fourthly, we must pray earnestly.

> 예수께서 힘쓰고 애써 더욱 간절히 기도하시니 땀이 땅에 떨어지는 핏방울 같이 되더라(누가복음 22:44, 참조 시편 119:145).
>
> And being in anguish, he prayed more earnestly, and his sweat was like drops of blood falling to the ground(Luke 22:44, also see Psalm 119:145).

THE View

'간절히' 기도한다는 것은 모든 것이 하나님께 달려 있다고 생각하고 전심으로 구하는 것을 뜻합니다. 하나님께서는 전심으로 구하는 자에게 응답을 베풀어주십니다(예레미야 29:13).

To pray 'earnestly' means that we think everything is depending on God, so that we pray with whole heart. God answers the one who seeks Him with his all heart(Jeremiah 29:13).

> **Q6.** 하나님께서는 친구처럼 대화하기를 원하시므로, 원칙적으로 기도는 일정한 절차와 형식을 필요로 하지 않습니다. 그러나 다음처럼 기도하면 좋습니다.
>
> **Q6.** For God wants to converse with us as a man speaks to his friend, it does not need regular procedures and formalities as a rule. However, it is good for us to pray as the followings.

첫째로, 하나님께 감사와 찬양을 드려야 합니다.
Firstly, we must give thanks and praises to God.

우리 하나님이여 이제 우리가 주께 감사하오며 주의 영화로운 이름을 찬양하나이다(역대상 29:13).

Now, our God, we give you thanks, and praise your glorious name(1 Chronicles 29:13).

THE View

주님께서 베풀어주신 은혜를 감사하고 찬양해야 합니다. 먼저 감사와 찬양을 드리면 기도하는 것이 즐겁고 기도의 응답이 빠릅니다.

We should give thanks and praises for His grace. If we give thanks and praises first, the prayer becomes joyous and the answer comes quickly.

둘째로, 하나님께 죄를 고백해야 합니다.
Secondly, we must confess our sins.

만일 우리가 우리 죄를 자백하면 그는 미쁘시고 의로우사 우리 죄를 사하시며 우리를 모든 불의에서 깨끗하게 하실 것이요(요한일서 1:9).

If we confess our sins, he is faithful and just and will forgive us our sins and purify us from all unrighteousness(1 John 1:9).

THE View

우리가 하나님의 자녀가 되었지만 이 세상에서 사는 동안 죄를 짓지 않을 수 없습니다. 그러나 죄는 하나님과의 교제를 방해할 뿐 아니라, 기도의 응답을 가로막습니다. 따라서 죄를 지었을 경우에는 즉시 고백해야 합니다. 어떠한 죄든지 고백하기만 하면 다 용서 받을 수 있습니다(시편 19:12,13).

Although we became the children of God, we cannot avoid sinning in this world perfectly. But sin disturbs our fellowship with God and also obstructs answer from God. So if we commit sins, we have to confess immediately. Any kind of sin can be forgiven if we confess it(Psalm 19:12,13).

셋째로, 응답 받고 싶은 기도제목을 하나님께 아뢰어야 합니다.
Thirdly, we must present our requests to God.

아무 것도 염려하지 말고 다만 모든 일에 기도와 간구로, 너희 구할 것을 감사함으로 하나님께 아뢰라(빌립보서 4:6).

Do not be anxious about anything, but in everything, by prayer and petition, with thanksgiving, present your requests to God(Philippians 4:6).

THE View

하나님께서는 전능하시기 때문에 우리가 어떤 문제를 가지고 기도하든지 다 응답해주실 수 있습니다. 따라서 작은 문제든 큰 문제든 다 기도해야 합니다. 특별히 자신만을 위해 구하지 말고 다른 대상 즉, 교회, 친구, 전도 대상자, 나라와 민족을 위해서 구해야 합니다(디모데전서 2:1-2). 자신 이외의 것을 구하는 기도를 '중보기도'라 부릅니다. 신앙이 성장해갈수록 자신보다 다른 사람을 위해 더 많이 기도해야 합니다.

God is almighty, so that He can answer to whatever problems we ask Him to solve. Therefore, whether that is a minor problem or a major problem, we have to ask them all. Especially we should ask not only for ourselves, but also others like church, friends, lost souls, our country and people, etc(1 Timothy 2:1,2). The prayer for others is called 'intercessory prayer.' As we grow in faith more and more, we should pray for others more than ourselves.

넷째로, '예수님의 이름으로 기도합니다. 아멘'하고 기도의 끝을 맺습니다.
Fourthly, we must end our prayers by saying, 'In the name of Jesus. Amen.'

너희가 내 이름으로 무엇을 구하든지 내가 행하리니 이는 아버지로 하여금 아들로 말미암아 영광을 받으시게 하려 함이라(요한복음 14:13).
And I will do whatever you ask in my name, so that the Son may bring glory to the Father(John 14:13).

THE View

오직 예수께서만 거룩하신 하나님과 죄인인 인간을 중보하실 수 있기 때문에(딤전 2:5) 오직 예수님의 이름으로 기도해야 합니다. '아멘'은 기도한 대로 이루어지기를 바란다는 뜻입니다.

Because only Jesus can intercede with holy God for the sinners(1 Timothy 2:5), we must pray in Jesus' name only. 'Amen' means that we wish our prayers be fulfilled accordingly.

> **Q7.** 하나님께서는 인격적인 분이시므로 우리가 기도하면 이에 따른 반응을 보이십니다. 하나님께서 어떤 반응을 보이실까요?
>
> **Q7.** God is a person, so that He reacts to what we pray for. How will God react on our prayers?

첫째로, 기도하는 자와 가까이 하십니다.
Firstly, God draws near to the ones who pray.

> 우리 하나님 여호와께서 우리가 그에게 기도할 때마다 우리에게 가까이 하심과 같이 그 신이 가까이 함을 얻은 큰 나라가 어디 있느냐(신명기 4:7).
>
> What other nation is so great as to have their gods near them the way the LORD our God is near us whenever we pray to him?(Deuteronomy 4:7)

THE View

사람은 누군가가 자주 찾아오면 귀찮아하지만, 하나님께서는 우리가 가까이 할수록 가까이 하십니다. 하나님을 가까이 하는 사람은 가장 큰 복을 받은 자입니다(시 73:28).

People are annoyed by frequent visitations of other people, but God draws nearer to us when we draw nearer to Him. Those who are near to Him are the ones greatly blessed(Psalm 73:28).

둘째로, 하나님의 뜻에 따라 기도에 응답해 주십니다.
Secondly, God answers according to His will.

> 구하라 그리하면 너희에게 주실 것이요 찾으라 그리하면 찾을 것이요 문을 두드리라 그리하면 너희에게 열릴 것이니(마태복음 7:7).
>
> Ask and it will be given to you; seek and you will find; knock and the door will be opened to you(Matthew 7:7).

THE View

하나님께서는 우리의 기도에 반드시 응답해주십니다. 그러나 응답하시는 방법은 다양합니다. '예스', '노우', '기다려라'로 응답해주십니다. 혹 우리 자신이 원하는 대로 응답 받지 못해도 낙심하지 말아야 합니다. 왜냐하면 하나님께서는 우리에게 항상 최상의 것을 주시기 때문입니다(마태복음 7:11).

God surely answers to our prayers. However, God's methods of answer are diverse. He answers with 'yes' or 'no' or 'wait.' Let us not be down cast, even if we are not given what we ask, for God always gives the best things to us(Matthew 7:11).

셋째로, 사람들이 놀랄만한 기적을 베풀어주십니다.
Thirdly, God performs extraordinary miracles which will amaze people.

내 이름으로 무엇이든지 내게 구하면 내가 행하리라(요한복음 14:14).

You may ask me for anything in my name, and I will do it(John 14:14).

THE View

기도하면 하나님께서 역사하시므로 기도하는 곳에는 예상치 못한 기적이 일어납니다. 기도는 마치 지렛대와 같습니다. 지렛대를 사용하면 적은 힘으로 큰 물체를 움직일 수 있듯이, 우리가 기도할 때에 전능하신 하나님께서 일하심으로 불가능한 일이 가능해집니다. 그래서 기도하는 사람은 크고 위대한 일을 할 수 있는 것입니다. 하나님께서는 기도하는 사람과 함께 하시고 기도하는 사람을 통하여 기적을 만들어내십니다.

When we pray, God works. In the place where there we pray, unexpected miracles happen. Prayer is like a lever. If we utilize a lever we can move a huge object by little energy. It is the same that when we pray, the Almighty God works instead of us, so that impossible things become possible. That is why those who pray can do great and marvelous things. God is with the ones who pray and He makes miraculous things through them.

다섯 번째 만남 | Fifth Meeting

교회생활은 이렇게 합니다
How to have a Church life

🌿 교회(헬, 에클레시아)는 예수님을 믿어 하나님의 자녀가 된 자들이 모인 공동체입니다. 즉 교회는 건물이 아니라 사람들의 모임입니다. 교회의 머리는 예수님이시며 교회는 예수님의 몸이기 때문에 우리는 예수님의 뜻대로 교회생활을 해야 합니다. 교회생활은 크게 다섯 가지로 나눌 수 있습니다.

   The church(Gk., ekklesia) is a community of those who believed in Jesus Christ and who became the children of God. That is to say, the church is not a building but the gathering of His people. For the Head of the church is Christ and the church is the body of Christ, we should have a church life in the will of Christ. The church life can be explained in five activities.

다섯 번째 만남 | Fifth Meeting
교회생활은 이렇게 합니다
How to have a Church life

Ⅰ 예배 활동 | Worship

> **Q1.** 예배는 구원을 베푸신 하나님께 감사하여 그분 앞에 나아가 엎드려 경배하는 모든 말과 행위를 일컫습니다. 즉 예배는 이미 구원 받은 것을 감사하여 드리는 것이지 구원 받기 위해서 드리는 것이 아닙니다. 당신이 하나님께 예배를 드리는 이유는 무엇입니까?
>
> **Q1.** Worship means all words and actions of approaching God and bowing down before Him to thank for the gift of salvation. In other words, worship is to give thanks for the salvation which was already gained, not for gaining it. What is your reason to worship God?

주께서 내게 응답하시고 나의 구원이 되셨으니 내가 주께 감사하리이다
(시편 118:21, 참조 시편 68:19, 98:1).

I will give you thanks, for you answered me; you have become my salvation(Psalm 118:21, also see Psalm 68:19, 98:1).

THE View

예배는 하나님께서 우리 자신을 죄와 사망의 굴레에서 해방시켜주신 것에 감사하여 드리는 것입니다. 따라서 예배자는 무엇보다 자신이 구원을 받았는지를 점검해야 합니다. 당신에게 구원받은 감격과 기쁨이 있습니까?

Worship is to thank God for delivering us from the rein of sin and death. Therefore, the worshiper should examine whether he himself is saved or not. Do you have deep gratitude and joy?

> **Q2.** 구원받은 성도가 하나님께 예배를 드리는 것은 당연한 것입니다. 그러나 우리가 예배를 드리면 하나님께서 갖가지 복을 주십니다(히브리서 11:6). 어떤 복을 주실까요?
>
> **Q2.** It is no wonder that saved ones worship God. But when we worship, God gives various blessings upon us(Hebrews 11:6). What blessings will God give us?

내게 토단을 쌓고 그 위에 네 양과 소로 네 번제와 화목제를 드리라 내가 내 이름을 기념하게 하는 모든 곳에서 네게 임하여 복을 주리라(출애굽기 20:24).

Make an altar of earth for me and sacrifice on it your burnt offerings and fellowship offerings, your sheep and goats and your cattle. Wherever I cause my name to be honored, I will come to you and bless you(Exodus 20:24).

THE View

우리가 예배를 드리면 다음과 같은 복을 받게 됩니다. 첫째로, 하나님께서 자신과 함께하신다는 확신을 갖게 됩니다(열왕기상 18:36-39). 둘째로, 마음의 평안을 누리게 됩니다(욥기 22:21). 셋째로, 세상에서 번성하는 복을 받게 됩니다(창세기 8:20, 9:1-3; 욥기 8:5-7). 넷째로, 자신의 잘못을 깨닫고 회개하게 됩니다(사도행전 2:37). 다섯째로, 성령님께서 주시는 은사를 받습니다(사도행전 10:44-46).

When we worship God, we will receive such blessings: Firstly, we will have confidence that God is with us(1 Kings 18:36-39). Secondly, we will have peace in our hearts(Job 22:21). Thirdly, we will be prosperous on earth(Genesis 8:20, 9:1-3; Job 8:5-7). Fourthly, we will find out our transgressions and will repent(Acts 2:37). Fifthly, we will receive the gifts of the Holy Spirit(Acts 10:44-46).

> **Q3.** 하나님께서 우리를 지으신 목적은 그분을 찬송하도록 하기 위해서입니다(이사야 43:21). 따라서 우리는 하나님께 예배드리는 일에 성공해야 합니다. 어떻게 하면 예배에 성공할 수 있을까요?
>
> **Q3.** The purpose of God's forming us is to let us proclaim His praise(Isaiah 43:21). So we have to be successful in worship. How can we be successful in worship?

첫째로, 믿음으로 드려야 합니다.
Firstly, we must worship God in faith.

> 믿음이 없이는 하나님을 기쁘시게 하지 못하나니 하나님께 나아가는 자는 반드시 그가 계신 것과 또한 그가 자기를 찾는 자들에게 상주시는 이심을 믿어야 할지니라(히브리서 11:6).
>
> And without faith it is impossible to please God, because anyone who comes to him must believe that he exists and that he rewards those who earnestly seek him(Hebrews 11:6).

THE View

어떤 믿음을 가지고 예배를 드려야 할까요? 두 가지 사실을 믿는 믿음입니다. 즉 하나님께서 살아 계시다는 것과 하나님께 나가는 자들에게 상을 주신다는 것입니다. 하나님께서 이런 믿음으로 예배드리는 자를 찾으십니다.

In what kind of faith we must worship God? It is the faith which we believe the two facts. In other words, we must believe that God exists and that God rewards those who come to Him with faith. God seeks those who worship Himself with such faith.

둘째로, 감사하는 마음으로 드려야 합니다.
Secondly, we must worship God with grateful heart.

> 우리가 감사함으로 그 앞에 나아가며 시를 지어 즐거이 그를 노래하자(시편 95:2).

Let us come before him with thanksgiving and extol him with music and song(Psalm 95:2).

THE View

하나님께서 죄에서 구원해주신 것을 인하여 예배를 드리기 때문에 예배는 감사한 마음으로 드려야 합니다. 우리가 감사한 마음으로 드려야 하나님께서 예배를 받으시므로 구원의 감격을 잃지 말아야 합니다.

For worship is offered to God for His saving grace from our sins, we should worship Him with grateful hearts. Because when we worship with thanksgiving God accepts it, we have not to lose the deep gratitude for His salvation.

셋째로, 사모하는 마음으로 드려야 합니다.
Thirdly, we must worship God with loving heart.

나를 사랑하는 자들이 나의 사랑을 입으며 나를 간절히 찾는 자가 나를 만날 것이니라(잠언 8:17).

I love those who love me, and those who seek me find me (Proverbs 8:17).

THE View

예배시간은 하나님을 만나는 시간입니다. 그러나 아무렇게나 예배를 드려도 하나님을 만나는 것은 아닙니다. 사모하는 마음으로 드려야 예배에 집중하게 되고 하나님을 만날 수 있습니다.

Worship time is the time of meeting God. But it is not for us to meet God without any condition. We must have loving heart so that we can concentrate on and meet Him.

넷째로, 자주 예배를 드려야 합니다.
Fourthly, we must worship God as frequently as possible.

모이기를 폐하는 어떤 사람들의 습관과 같이 하지 말고 오직 권하여 그 날이 가까움을 볼수록 더욱 그리하자(히브리서 10:25)

Let us not give up meeting together, as some are in the habit of doing, but let us encourage one another--and all the more as you see the Day approaching(Hebrews 10:25).

THE View

부모가 그의 자녀들을 자주 보고 싶어하듯이, 하나님께서도 우리를 자주 보고 싶어하십니다. 따라서 주일에 한 번 예배를 드리는 것으로 만족하지 말고 공적예배와 소그룹 모임에 적극적으로 참석해야 합니다.

As physical parents want to see their children frequently, our heavenly Father wants to see us frequently too. Therefore, we might not be satisfied by attending Sunday worship only, but we should attend all worship services and take part in small group meetings.

이 밖에도 예배의 성공자가 되려면 예배시간을 엄수하고, 은혜를 받기 위해 기도하고, 마음을 다해 찬양하고, 감사한 마음으로 헌금을 드리고, 설교를 하나님의 말씀으로 믿어야 합니다. 그러나 우리는 예배당 예배에 성공한 것으로 만족해서는 안 됩니다. 우리의 삶이 곧 예배가 되게 해야 합니다(로마서 12:1). 하나님께서는 예배당 예배보다 삶으로 드리는 예배에 더 깊은 관심을 가지고 계십니다.

Aside from these, if we want to be God-pleasing worshipers, we must be punctual at the worship times, pray for receiving grace from God, praise wholeheartedly, offer thanksgiving offerings, and believe the sermons of the preachers as the word of God. However, we might not be satisfied with attending Sunday worship only. Our lives must be the worship to God(Romans 12:1). God is more interested in worship by our holy lives than attending Sunday worship.

II 교육 활동 | Christian Education

> **Q1.** 사람은 요람에서 무덤까지 평생 배워야 하듯이 거듭난 하나님의 자녀는 계속해서 하나님의 말씀을 배워야 합니다. 누구에게 배워야 할까요?
>
> **Q1.** As people learn from the cradle to grave, the born-again Christians should learn the word of God continually. From whom we can learn?

또 네가 많은 증인 앞에서 내게 들은 바를 충성된 사람들에게 부탁하라 그들이 또 다른 사람들을 가르칠 수 있으리라(디모데후서 2:2).

And the things you have heard me say in the presence of many witnesses entrust to reliable men who will also be qualified to teach others(2 Timothy 2:2).

THE View

초대교회 성도들은 먼저 사도의 가르침을 받은 후에 그들이 또 다른 사람을 가르쳤습니다. 즉 하나님의 말씀을 가르치는 일은 목회자 뿐만 아니라 평신도도 해야합니다.

Early church saints learned from the apostles first and then they taught others. Teaching the word of God is not exclusively pastors' task, but also lay believers should do the same.

> **Q2.** 우리는 예배에 참석하는 것으로 신자의 의무를 다한다고 생각하면 안 됩니다. 교회에서 준비한 말씀훈련에 적극 참여해야 합니다. 왜 그럴까요?
>
> **Q2.** We might not think that we meet obligations of the believers by attending worship services only. We should take part in the Bible training programs that the church offers. Why should we do that?

우리가 그를 전파하여 각 사람을 권하고 모든 지혜로 각 사람을 가르침은 각 사람을 그리스도 안에서 완전한 자로 세우려 함이니(골로새서 1:28).

We proclaim him, admonishing and teaching everyone with all wisdom, so that we may present everyone perfect in Christ (Colossians 1:28).

THE View

말씀으로 훈련을 받지 않으면 온전한 그리스도인이 될 수 없기 때문입니다. 말씀훈련을 받아야 예수 그리스도의 인격을 닮게 되고, 신천지와 여호와의 증인 등과 같은 이단의 유혹에 넘어가지 않게 됩니다.

It is because if we do not be trained with the word of God, we cannot be perfect Christians. If we get trained with the word, we can have very likeness of Jesus Christ, and we will not be deceived by heresies like 'New Heaven and Earth' and 'Jehovah's Witnesses', etc.

> **Q3.** 초대교회 성도들은 사도들의 가르침을 받은 후, 다른 성도들을 가르쳤습니다. 즉 제자훈련을 했습니다. 왜 그렇게 했을까요?
>
> **Q3.** After the Christians of early church were taught by the apostles, they taught other Christians what they learned. It means that they did discipleship training. Why did they do so?

그러므로 너희는 가서 모든 민족을 제자로 삼아 아버지와 아들과 성령의 이름으로 세례를 베풀고 내가 너희에게 분부한 모든 것을 가르쳐 지키게 하라(마태복음 28:19,20).

Therefore go and make disciples of all nations, baptizing them in the name of the Father and of the Son and of the Holy Spirit, and teaching them to obey everything I have commanded you. And surely I am with you always, to the very end of the age(Matthew 28:19,20).

THE View

예수께서 마지막으로 "제자 삼으라"라고 명령하셨기 때문입니다. 그리스도인은 예수 그리스도를 좇는 자이므로 제자훈련을 받아야 합니다.

Jesus commanded them to "make disciples." Since Christians are the followers of Jesus Christ they should have discipleship training.

Ⅲ 전도(선교) 활동 | Evangelism(Mission)

Q1. 모든 그리스도인은 예수 그리스도를 믿지 않는 자들을 찾아가서 복음을 전해야 합니다. 왜 그럴까요?

Q1. All Christians must preach the good news to those who do not know Jesus Christ. Why should we preach the good news?

또 이르시되 너희는 온 천하에 다니며 만민에게 복음을 전파하라(마가복음 16:15).

He said to them, "Go into all the world and preach the good news to all creation"(Mark 16:5).

THE View

예수께서 승천하시면서 마지막으로 복음을 전하라고 명령하셨기 때문입니다. 전도나 선교나 모두 복음을 전하는 것이지만 타문화권을 향할 경우는 '선교'라고 합니다.

Jesus commanded His disciples to preach the good news when He ascended to heaven. Both evangelism and mission have the same meaning in terms of preaching the good news, but in case of preaching the good news to foreign countries, it is called 'mission.'

> **Q2.** 복음을 전하는 일은 결코 쉬운 것이 아닙니다. 왜냐하면 배후에서 복음 전하지 못하도록 방해하는 세력이 있기 때문입니다. 어떻게 하면 우리가 복음을 능력 있게 전할 수 있을까요?
>
> **Q2.** It is not easy to preach the good news. It is because there are evil forces behind the preachers to disturb them. How can we preach the good news powerfully?

오직 성령이 너희에게 임하시면 너희가 권능을 받고 예루살렘과 온 유대와 사마리아와 땅 끝까지 이르러 내 증인이 되리라 하시니라(사도행전 1:8).
But you will receive power when the Holy Spirit comes on you; and you will be my witnesses in Jerusalem, and in all Judea and Samaria, and to the ends of the earth(Acts 1:8).

THE View

성령님의 능력으로 전해야 합니다. 전도는 마귀에게 종노릇 하던 사람을 하나님의 자녀가 되게 하는 것이기 때문에 성령님의 능력을 힘입지 않으면 그 일을 할 수 없습니다(스가랴 4:6).

We must preach the good news in the power of the Holy Spirit. It is impossible for us to preach the good news if we are not empowered by the Holy Spirit, because evangelism is to make the slaves of the devil to become the children of God(Zechariah 4:6).

> **Q3.** 당신이 예수님을 믿어 구원 받게 된 것은 누군가가 복음을 전해주었기 때문입니다. 당신을 위하여 기도하고 전도한 사람들의 이름과 그들에게 진 빚을 어떻게 갚아야 할지 적어보세요.
>
> **Q3.** You believed in Jesus and were saved because someone preached the good news to you. Please write down the names of those who prayed for you and evangelized you, and write down how you will repay the debt of their love.

헬라인이나 야만인이나 지혜 있는 자나 어리석은 자에게 다 내가 빚진 자라 그러므로 나는 할 수 있는 대로 로마에 있는 너희에게도 복음 전하기를 원하노라(로마서 1:14,15).

I am obligated both to Greeks and non-Greeks, both to the wise and the foolish. That is why I am so eager to preach the gospel also to you who are at Rome(Romans 1:14,15).

THE View

우리는 모두 복음에 빚을 진 자입니다. 이것을 깊이 명심해야 사도 바울처럼 열정적으로 복음을 전할 수 있습니다. 날마다 전도 대상자의 이름을 불러가며 기도하고 찾아가서 복음을 전해야 합니다.

All of us are debtors of the good news. If we keep this in mind, we can preach the good news with passion like the Apostle Paul did. We should pray for the lost people one by one and go to them and preach the good news.

Ⅳ 교제 활동 | Fellowship

Q1. 교회는 교제공동체이기 때문에 서로 교제하기를 힘써야 합니다. 예배가 끝나자마자 교회 문을 나서는 것은 바람직하지 않습니다. 초대교회 성도들은 어떻게 교제했을까요?

Q1. Church is a community of fellowship, so that we must try our best to fellowship each other. It is not advisable for you to go home right after worship service is finished. How did the Christians of the early church fellowship?

① 그들이 사도의 가르침을 받아 서로 교제하고(사도행전 2:42).

① They devoted themselves to the apostles' teaching and to the fellowship(Acts 2:42).

② 믿는 사람이 다 함께 있어 모든 물건을 서로 통용하고 또 재산과 소유를 팔아 각 사람의 필요를 따라 나눠 주며(사도행전 2:44,45).

② All the believers were together and had everything in common. Selling their possessions and goods, they gave to anyone as he had need(Acts 2:44,45).

③ 집에서 떡을 떼며 기쁨과 순전한 마음으로 음식을 먹고(사도행전 2:46).

③ They broke bread in their homes and ate together with glad and sincere hearts(Acts 2:46).

THE View

초대교회 성도들은 하나님의 말씀과 물질과 음식을 서로 나눔으로 교제했습니다. 우리도 초대교회처럼 교제하기 위해서는 소그룹 모임(셀, 목장, 구역)에 적극적으로 참석해야 합니다.

The Christians of the early church fellowshipped with one another in the word of God, sharing possessions and food. In order for us to do like the Christians of early church, we should participate in cell meetings.

Q2. 초대교회 성도들과 같이 말씀과 물질과 음식을 서로 나누는 아름다운 교제를 하기 위해서는 우선적으로 해야 할 두가지 일이 있습니다. 그것들은 무엇일까요?

Q2. In order for us to share the word and possessions and food like the Christians of the early church, we have two things to do ahead. What are these?

날마다 마음을 같이하여 성전에 모이기를 힘쓰고(사도행전 2:46).

Day by day continuing with one mind in the temple(Acts 2:46a NASB).

THE View

두 가지가 선행되어야 합니다. 첫째는, 마음이 하나 되는 것입니다(빌립보서 2:2,3). 마음으로 하나 되기 위해서는 자신을 낮추어야 합니다. 둘째는, 모이기를 힘쓰는 것입니다(히브리서 10:25). 성도의 교제를 선택이 아니라 필수로 생각해야 합니다.

Two things must be satisfied ahead. Firstly, we have to be one mind(Philippians 2:2,3). For being one mind, we should humble ourselves. Secondly, we must meet together continually(Hebrews 10:25). We should think that fellowship of saints is not an option, but a must.

> **Q3.** 성도의 교제를 통하여 얻는 유익이 많지만, 자칫 잘못하면 오히려 시험에 들 수도 있습니다. 성도의 교제 시 주의해야 할 것은 무엇일까요?
>
> **Q3.** We gain much from fellowship of saints, but if something goes wrong we may enter into temptation. What do we have to be careful in fellowship with one another?

THE View

첫째로, 사람을 너무 믿으면 안 됩니다. 사람은 사랑의 대상이지 믿음의 대상이 아닙니다. 믿음의 대상은 오직 하나님 한 분이십니다.

Firstly, we must not trust people too much. People are objects of our love, not objects of our faith. God alone is the object of our faith.

둘째로, 기대했던 것보다 못한 행실을 보고 너무 실망하지 말아야 합니다. 완전한 사람은 아무도 없습니다. 우리 모두가 성화 중에 있음을 알아야 합니다.

Secondly, although other people do not satisfy our expectations, we must not be disappointed by them. No person is perfect. We should know that we are all in the process of sanctification.

셋째로, 불평하는 사람과 맞장구를 치면 안 됩니다. 성경은 우리가 원망을 하면 멸망당할 것을 경고하고 있습니다(고린도전서 10:10).

Thirdly, we must not echo another's murmur. The Bible warns us that grumblers shall be destroyed(1 Corinthians 10:10).

넷째로, 좋아하는 사람끼리만 교제하면 안 됩니다. 사람을 중심으로 교제하면 편당이 생겨서 교회가 깨어집니다(고린도전서 3:3,4).

Fourthly, we must not fellowship with only whom we love. People-centered fellowship may divide church into parties(1 Corinthians 3:3,4).

다섯째로, 성도 간의 관계가 금전거래로 얽히면 안 됩니다. 특별히 개인적으로 다른 성도에게 물질적인 도움을 청하는 것을 삼가야 합니다.

Fifthly, we must not be involved in money matters in the church. Especially we might be discreet in borrowing money from other church members for personal purposes.

V 봉사 활동 | Service

Q1. 교회의 회원이 된 성도는 누구든지 봉사를 해야 합니다. 어떤 자세로 봉사해야 할까요?

Q1. Everyone who became a member of a local church must take part in service. In what attitude should we serve the body of Christ?

각각 은사를 받은 대로 하나님의 여러 가지 은혜를 맡은 선한 청지기 같이 서로 봉사하라 만일 누가 말하려면 하나님의 말씀을 하는 것 같이 하고 누가 봉사하려면 하나님이 공급하시는 힘으로 하는 것 같이 하라 이는 범사에 예수 그리스도로 말미암아 하나님이 영광을 받으시게 하려 함이니(베드로전서 4:10,11).

Each one should use whatever gifts he has received to serve others, faithfully administering God's grace in its various forms. If anyone speaks, he should do it as one speaking the very words of God. If anyone serves, he should do it with the strength God provides, so that in all things God may be praised through Jesus Christ(1 Peter 4:10,11).

THE View

첫째로, 하나님께서 주신 '달란트(재능)대로' 봉사해야 합니다. 모든 성도는 재능과 영적인 은사를 갖고 있기 때문에 봉사하지 못할 사람은 아무도 없습니다. 둘째로, '청지기 같이' 봉사해야 합니다. 청지기는 종에 불과하기 때문에 자신을 낮추는 자세로 봉사해야 합니다. 셋째로, '서로' 봉사해야 합니다. 교회에는 오직 봉사자만 있을 뿐입니다.

Firstly, we should serve others according to the God-given talents(abilities). All believers have talents and spiritual gifts, so that none of them is incapable to serve others. Secondly, we should serve 'as faithful stewards.' Stewards are like servants, so that we should humble ourselves and serve others. Thirdly, we should serve 'each other.' In the church, there are only servants.

> **Q2.** 하나님께서는 봉사하는 자에게 상을 주십니다. 그러나 봉사한다고 모든 사람이 다 상을 받는 것은 아닙니다. 어떻게 하면 상을 받을 수 있을까요?
>
> **Q2.** God rewards those who serve others. However, not all of them will be rewarded. How can we be rewarded for our services?

그 주인이 이르되 잘하였도다 착하고 충성된 종아 네가 적은 일에 충성하였으매 내가 많은 것을 네게 맡기리니 네 주인의 즐거움에 참여할지어다 하고(마태복음 25:21,23).

His master replied, 'Well done, good and faithful servant! You have been faithful with a few things; I will put you in charge of many things. Come and share your master's happiness!'(Matthew 25:21,23).

THE View

하나님께서는 얼마나 일을 많이 했느냐가 아니라 얼마나 충성했느냐에 따라 상을 결정하십니다. 하나님께서는 죽도록 충성하는 자에게 면류관을 씌워주십니다(요한계시록 2:10).

God decides our rewards by faithfulness of us, not by the quantity of our works. God will give the crown of life to those who are faithful, even to the point of death(Revelation 2:10).

> **Q3.** 우리는 교회의 지체이기 때문에 각자 교회에서 해야 할 역할이 있습니다. 당신이 교회를 위해 할 수 있는 일이 무엇인지 적어보세요.
>
> **Q3.** We are the members of the body of Christ, so that each member has a role to play. Please write what you can do for your church.

THE View

하나님께서 모든 성도에게 교회를 섬길 수 있도록 한 가지 이상의 은사를 주셨습니다. 그것은 거듭나기 전부터 가지고 있던 재능이 될 수도 있고, 하나님의 자녀가 됨으로 얻게 된 영적인 은사가 될 수도 있습니다. 우리가 하나님께서 주신 은사를 찾으면 그것을 발견할 수 있습니다. 그리고 주신 은사로 교회를 전심으로 섬기면 큰 기쁨과 축복을 누릴 수 있습니다.

God gave every believer at least one spiritual gift for the service of the church. There are abilities(talents) which were gained before rebirth experience, and there are spiritual gifts which were gained when they became the children of God. If we seek for the God-given gifts, we can find them. And if we serve church wholeheartedly with the spiritual gifts, we may enjoy great joy and blessings.

우리 교회는 건강하고 행복합니다!!

○○○님은 우리에게 더할 나위 없이 소중한 가족입니다. ○○○님을 우리 교회로 인도해주신 주님께 감사드리고 성도님의 교회생활이 행복할 수 있도록 최선을 다해 돕겠습니다. 그러나 행복은 찾는 것이 아니라 스스로 만들어가는 것입니다. 각자가 가정에서 나름대로의 역할을 제대로 감당해야 행복을 맛볼 수 있듯이, 교회 역시 교회의 구성원으로서 예배, 훈련, 전도, 교제, 봉사활동에 적극적으로 참여해야 행복을 맛볼 수 있는 것입니다. 건강치 못한 가정에서 자라면 '역기능적 성인아이'가 되듯이, 건강치 못한 교회에서 자라면 '역기능적 그리스도인'이 됩니다. 우리 교회는 건강하고 행복한 교회이기에 당신의 신앙생활 역시 건강하고 행복할 것을 확신합니다.

Our church is healthy and happy!

You are as precious as can be to us. We thank God for guiding you to our church and we wish you a happy Church life. However, happiness is not found, but made. As you play a role in your home to make it happy, you should participate in worship and training programs and evangelism and fellowship and service to taste happiness as a member of the church. As an unhealthy family produces dysfunctional adult children, an unhealthy church produces dysfunctional Christians. But our church is healthy and happy, so that we are confident that your life in Christ will be healthy and happy too.

THE 기초양육

기초양육과정 수료를 축하드립니다

'THE 기초양육'과정을 마치게 되심을 진심으로 축하드립니다.
신앙의 성장을 위하여 다음과 같이 권면을 드립니다.

1. 지속적으로 말씀훈련을 받아야 합니다.

   학생이 학교에 들어가면 계속해서 상급학교에 진학하듯이 신앙의 성장을 위해서는 지속적인 양육훈련을 받아야 합니다. 저희 교회에서는 'THE기초양육' 과정을 마치신 분들을 위하여 그 다음 단계로 'THE8확신세우기'와 'THE제자만들기' 과정을 준비하고 있습니다. 꼭 참여하셔서 신앙의 큰 진보를 이루시기 바랍니다.

2. 교회의 모든 예배에 적극 참여해야 합니다.

   교회의 모든 예배는 하나님께서 성도님에게 은혜를 베푸시기 위해서 준비하신 것입니다. 그렇기 때문에 주일예배는 기본이고, 그 밖의 예배에도 적극적으로 참여해야합니다.

3. 소그룹 모임(구역, 셀, 목장)에 적극적으로 참여해야 합니다.

   주일 낮 예배로 만족하면 안 됩니다. 소그룹 모임에도 참여해야 합니다. 소그룹은 한 가족임을 느끼게 해주는 섬김과 나눔의 공동체입니다. 주일낮예배에서 전혀 느끼고 맛볼 수 없는 주님의 사랑을 경험할 수 있습니다.

4. 당신은 자랑스러운 평신도 사역자입니다.

   "시작이 반이다"라는 말이 있습니다. 이미 본 과정을 마치셨기 때문에 다음 단계도 충분히 잘하실 수 있습니다. 끝까지 훈련을 잘 받으셔서 주님께 크게 쓰임을 받는 평신도사역자가 되시기를 축복합니다.